Goldstadt-Wanderführer
Teneriffa

Christa Fürstenberg

Titelbild: „Die Mondlandschaft", so nennen Einheimische ein verstecktes Plätzchen am Rande der Cañadas.

Layout: Günter Schäfer, Pforzheim
Skizzen: Goldtstadtverlag nach Entwürfen von Gudrun Meru
Fotos: Christa Fürstenberg, Alpinschule Innsbruck, Günter Schäfer, Bildverlag Merten, Saarburg

11. neu bearbeitete Auflage.
Internet: www.goldstadtverlag.de – E-mail: info@goldstadtverlag.de

Herstellung: Goldstadtdruck GmbH, Pforzheim
Vertrieb: GeoCenter Touristik Medienservice Stuttgart GmbH

Goldstadt-Wanderführer Band 451

Teneriffa

40 Spaziergänge und Wanderungen

Christa Fürstenberg

116 Farbfotos
1 Übersichtsskizze
35 Skizzen der Wanderungen

Goldstadtverlag

Inhaltsverzeichnis

Im Anaga-Gebirge

Vorwort

Unzählige Urlauber kommen jedes Jahr nach Teneriffa. Sie schätzen das gleichbleibend milde Klima, die Vielfalt der Landschaft und den Komfort, den die Hotelstädte bieten. Aber die Schönheit der Insel kennen nur wenige. Sie bleibt hinter der touristischen Fassade verborgen und ist auch per Bus oder Leihauto kaum aufzuspüren. Schon wenige Meter abseits des Verkehrs öffnet sich eine andere Welt. Sie ist so still und unberührt, dass die Worte Alexander von Humboldts noch immer gelten: Nirgendwo auf der Erde gibt es eine Gegend, die schöner und abwechslungsreicher ist als diese „Insel der Glückseligen".

Der vorliegende Wanderführer soll Anregungen geben, Teneriffa auf eigene Faust zu erkunden. Vorgestellt werden Spaziergänge im Bereich von Puerto de la Cruz und Wanderungen in den reizvollsten Gebieten der Insel. Noch gibt es viele versteckte Winkel. Sie sind den Fußgängern vorbehalten, und es ist zu hoffen, dass sich die ursprünglichen Facetten weitgehend erhalten. Zahlreiche Hinweise für dieses Buch gaben mir die Inselkenner Helga Breiten-

Teneriffa, ein Wandergebiet mit vielen Facetten

ströter, Günter Eberlein, Erhard Neubert – sowie Hannes Gasser und die Bergführer der Alpinschule Innsbruck. Ideelle Unterstützung gewährten Hannelore Lindner und Teresa von Levetzow (Wochenspiegel), F. Opelio Rodriguez Peña (Delegación del Ministerio de Comerçio y Turismo), Enrique Talg und Mitglieder der Grupo Montañero de Tenerife. Mein besonderer Dank gilt Helmut Wiedmann und Fritz Gloss, die mich auf vielen Wanderungen begleiteten und wertvolle Hinweise gaben.

Die jetzige 11. Auflage wurde vollständig überarbeitet, ergänzt und erweitert. Ich habe alle Routen noch einmal überprüft und neue Wegstrecken getestet. Viele aktuelle Anregungen steuerte Rosita Bures bei.

Gedacht ist dieses Buch für Wanderer, die mit Muße und ohne zu große Anstrengungen die Insel Teneriffa erforschen möchten.

Christa Fürstenberg

Teneriffa

Wandergebiete I bis VIII

Zeichenerklärung

Gültig auch für die Wanderskizzen:

- Haus
- Restaurant
- Kirche, Kapelle
- Kloster
- Haltestelle
- Platz, Garten
- Gipfel
- Aussichtspunkt
- Felshügel
- Höhle
- Leuchtturm
- Schwimmbad
- Quelle
- Wasserfall
- Damm
- Forellenzucht
- Seilbahn

Die Wanderwege

Bananenfelder in der Nähe von Puerto de la Cruz

Die Promenade oberhalb der Steilküste eröffnet grandiose Ausblicke auf Puerto de la Cruz und das Meer

Wandergebiet III - Die östliche Nordküste

Der malerische Fischerort El Pris

Ansiedlung im Anaga-Gebirge

Wandergebiet V - Die westliche Nordküste

Der berühmte Drachenbaum von Icod de los Vinos

Wandergebiet VI - Das Teno-Gebirge

Ein typisches Landhaus auf Teneriffa, die Casa el Rastradero

Auch im Süden der Insel gibt es gute Wandermöglichkeiten

Ein berühmter Aussichtspunkt in den Cañadas: Mirador de la Ruleta

Die Landschaft

Teneriffa vereint auf 2057 Quadratkilometern eine Fülle von Kontrasten: bizarre Steilküsten und flache Sandstrände, fruchtbares Bauernland und herrliche Wälder, wildromantische Schluchten und samtgrüne Berge, eine erstarrte Lavawüste und als Höhepunkt den 3718 m hohen Teide, der meist eine Schneehaube hat. Zum Wandern eignet sich vor allem die üppig bewachsene Nordseite der Insel. Oberhalb von Puerto de la Cruz wurde das Waldgebiet von Aguamansa vorbildlich erschlossen; und das Anaga-Gebirge im Osten und das Teno-Gebirge im Westen zählen zu den schönsten Ausflugsregionen. Einen eigenen Reiz hat das 2000 m hoch gelegene Plateau der Cañadas, und auch im kargen Süden ist manch reizvolles Fleckchen zu entdecken.

Die Strände

Teneriffa hat nur wenige helle Sandstrände, aber es gibt eine Reihe von Badebuchten mit schwarzem Sand. Im Winter ist das Meer relativ kühl (18-19 Grad); baden kann man allerdings zu jeder Jahreszeit. Die meisten Strände befinden sich im Süden der Insel, etwa in der riesigen Ferienregion Playa de las Américas/Los Cristianos, in El Médano (bekanntes Surf-Revier) und im

Der schwarze Sandstrand „San Marcos“ mit seinen typischen Fischrestaurants

Bereich von Los Gigantes/Santiago. Im Norden kann Puerto de la Cruz mit einem neugestalteten schwarzen Sandstrand (Playa Jardín) aufwarten. Hübsche Badebuchten gibt es in der Umgebung (Playa Bollullo und Playa Socorro), bei Icod (San-Marcos-Strand) und an der östlichen Nordküste (Mesa del Mar). Eine besondere Erwähnung verdient der weitläufige, mit Sahara-Sand künstlich angelegte „Teresitas-Strand“ nahe der Hauptstadt Santa Cruz.

Das Klima

Das Wetter präsentiert sich in zwei Varianten. Im Norden ist der Himmel oft bedeckt, weil die berüchtigte Passatwolke am Berghang dräut; im Süden scheint meist die Sonne, dafür ist es dort windiger und nicht so grün bewachsen. Die Durchschnittstemperaturen bewegen sich um 18 Grad im Winter und 25 Grad im Sommer, und so gibt es das ganze Jahr über ideale Möglichkeiten zum Wandern. In Höhen zwischen 800 und 1500 Metern herrscht manchmal Nebel, und die Ausflügler müssen auf rasche Wetterumschwünge gefasst sein. Wichtig ist, kein Risiko einzugehen und das Wanderprogramm den äußeren Bedingungen anzupassen.

Die Passatwolke ist ein typisches Bild im Norden der Insel

Pflanzen
Teneriffa beeindruckt mit einer Vielfalt von Blumen, Sträuchern und Bäumen. Ein Drittel aller Pflanzen wächst nur auf den Kanarischen Inseln, ist also endemisch. Botanisch Interessierte können viele Entdeckungen machen; der Bogen spannt sich vom tausendjährigen Drachenbaum bis zum heimischen Edelweiß. Die schönsten Bilder beschert der Frühling, der bereits Ende Januar mit der Blüte der Mandelbäume beginnt. Auch die anderen Jahreszeiten haben ihren Reiz, denn das milde Klima garantiert eine immerwährende üppige Vegetation.

Tiere
Eher bescheiden ist die Tierwelt der Insel. Es gibt kein größeres Wild und keine Schlangen, nur wenige Vögel und kaum Insekten. Die häufigen Schilder „Coto de Caza" (Jagdgebiet) gelten den Kaninchen, die eine Spezialität der kanarischen Küche sind. Am häufigsten anzutreffen sind Hunde aller Rassen und Mischungen. Ihnen begegnet man bei jeder Wanderung, denn sie gehören so selbstverständlich zu den Bauernhöfen wie die Ziegen. Trotz heftigem Gebell sind sie meist friedlich und freundlich; die bissigen Exemplare leben hinter den Mauern der stattlichen Villen.

Unterkünfte
Die Mehrzahl der Urlauber kommt mit einem Flug- und Hotel-Arrangement. Diese Vorausplanung ist sehr ratsam, denn individuell gemietete Zimmer sind oft teurer als im Pauschalangebot. Außerdem wird die Suche meist zum Problem, denn in den Wintermonaten sind viele Hotels ausgebucht. Gasthöfe und Privatzimmer gibt es nur in sehr bescheidener Zahl.

Das staatliche Berghotel (Parador de las Cañadas) im Teide-Nationalpark

Gastronomie

Sehr viel leichter als ein Zimmer findet man ein Lokal, in dem man typisch und preiswert essen kann. Von einem bescheidenen Äußeren sollte man sich nicht abschrecken lassen; und ein Gang in die Küche ist oft noch selbstverständlich. Dort kann man einen Blick in die Kochtöpfe werfen oder sich einen Fisch nach Wahl aussuchen. In den größeren Orten gibt es meist eine Reihe von empfehlenswerten Restaurants; in abgelegenen Gebieten wurde auf Einkehrmöglichkeiten hingewiesen. Häufig zu lesen ist das Wort „Bar". Es kennzeichnet eine landestypische Kneipe, in der man meist auch eine Kleinigkeit zu essen bekommt.

Wanderausrüstung

Die wichtigste Voraussetzung für Wanderungen auf Teneriffa ist gutes Schuhwerk. Für Bergtouren empfehlen sich knöchelhohe Wanderstiefel mit Profilsohlen, Jeans oder entsprechende Bekleidung und ein leichter Rucksack. Mitnehmen sollte man auf jeden Fall einen Regenschutz und einen warmen Pullover, eine Kopfbedeckung und Sonnencreme sowie ein paar Pflaster und ein Taschenmesser. Etwas Proviant und eine Plastikflasche mit Wasser oder ein Dosengetränk bewähren sich bei längeren Wegstrecken.

Wanderrast vor einem verlassenen Bauernhof (Montaña Tafada)

Wanderwege und Wanderkarten

Die schönsten Wanderrouten sind die alten Pfade, auf denen die Einheimischen einst zu ihren abgelegenen Dörfern oder Bauernhöfen gingen. Eine Reihe von Wegen und Forststraßen wurde neu angelegt und in verschiedenen Regionen auch markiert. Leider sind viele Wegweiser beschädigt oder verschwunden, und deshalb ist die Orientierung nicht immer einfach.

Beschränkt ist das Angebot an Wanderkarten. Eine detaillierte Straßenkarte im Maßstab 1: 75000, die auch einige Wanderrouten enthält, hat der Verlag Freytag & Berndt herausgebracht. Bei Kompass erschien eine übersichtliche, aber recht unhandliche Wander- und Radtourenkarte im Maßstab 1:50000 mit Stichwort-Lexikon. Die Wanderkarte von Dr. Udo Moll zeigt 22 Gebietsausschnitte, stellt 46 Touren vor und bietet auch nützliche Informationen (nur auf Teneriffa erhältlich). Für den Teide-Nationalpark gibt es eine Übersichtskarte und informative Broschüren (in den Cañadas erhältlich). Übersichtskarten für Wanderer gibt es auch für das Anaga- und Teno-Gebirge (erhältlich im Besucherzentrum Cruz del Carmen).

Das Anaga-Gebirge mit dem Felskegel Taborno

Blick auf die zerklüftete Nordküste.

Ein typisches Kirchlein im Bergland

Gehzeiten

Bei den Wandervorschlägen sind die Gehzeiten fortlaufend vermerkt. Sie sollen bei der Orientierung mithelfen und kennzeichnen die einzelnen Wegstrecken. Sehr bewusst habe ich mich an durchschnittliche Werte gehalten. Eine Gehstunde entspricht etwa 4 Kilometern. Dies gilt natürlich nur für ebene Routen. An- und Abstiege werden bei den Zeitangaben entsprechend berücksichtigt.

Verkehrsverbindungen

Ein weitverzweigtes Netz von Buslinien der Gesellschaft TITSA überzieht die Insel. Die Haltestellen sind an den rot-blauen Schildern zu erkennen, die Halteverbotszeichen ähneln und mit einem „P" markiert sind. Die Verkehrsverbindungen für Wanderer sind im Anhang dieses Buches enthalten. Die genannten Zeiten ändern sich öfters, deshalb sollte man die Angaben immer überprüfen. In den Busbahnhöfen sind die neuesten Fahrpläne ausgehängt; Informationen enthält auch die deutschsprachige Inselzeitung „Wochenspiegel".

Die meisten Wandergebiete sind mit dem Bus zu erreichen

Für häufigere Busfahrten empfiehlt sich die „Tarjeta" oder „Bono-Karte". Sie ist an den Busbahnhöfen erhältlich und erspart 30 Prozent des regulären Fahrpreises. Beim Einsteigen wird die jeweilige Wegstrecke vom Bus-Chauffeur abgebucht. Falls der Restbetrag für eine Fahrt nicht mehr ausreicht, zahlt man die Differenz in bar. Relativ preiswert sind noch immer die Taxis. Sie sind mit Fahrpreisanzeigern ausgestattet und eignen sich besonders für kürzere und nicht so häufig frequentierte Strecken. Bei längeren Strecken sollte man einen festen Preis aushandeln.

Mietwagen werden in vielen Varianten angeboten. Als Anreiz verlocken günstige Pauschalen und niedrige Benzinpreise.

Nützliche Worte beim Busfahren

Die Busse werden auf Teneriffa meist **guaguas** genannt. Da die wenigsten Fahrer deutsch oder englisch sprechen, sollten Sie sich die gewünschten Abfahrts- oder Ankunftszeiten aufschreiben lassen. Ein paar spanische Sätze erleichtern die Verständigung.

Un billete, por favor	Eine Fahrkarte, bitte
Solo ida a . . .	Nur Hinfahrt nach . . .
Ida y vuelta	Hin- und Rückfahrt
Donde está el camino a . . .?	Wo ist der Weg nach . . .?
Donde está la parada?	Wo ist die Haltestelle?
A la izquierda	Links
A la derecha	Rechts
Todo derecho	Geradeaus
A que hora sale el autobús para . . .?	Wann fährt der Bus nach . . .?
A que hora llega el autobús a . . .?	Wann kommt der Bus in . . . an?
A que hora vuelve el autobús de . . .?	Wann kehrt der Bus von . . . zurück?
A la una, a las dos, tres, cuatro, cinco, seis, siete, ocho, nueve, diez, once, doce	Um eins, um zwei, drei, vier, fünf, sechs, sieben, acht, neun, zehn, elf, zwölf
A la una y media	Um halb zwei
A la una y cuarto	Um viertel nach eins
A la una menos cuarto	Um viertel vor eins
Cuantas veces sale el autobús?	Wie oft fährt der Bus?
Cada hora	Jede Stunde
Cada media hora	Jede halbe Stunde
Cada diez minutos	Alle zehn Minuten

Ein paar spanische Begriffe

Choza (Schutzhütte)
Diese offenen Holzhäuschen wurden im Forst von Aguamansa errichtet. Sie signalisieren hübsche Fleckchen entlang der Wanderrouten und dienen als Picknickplätze. Berghütten, die Unterkunft bieten oder bewirtschaftet sind, sind selten.

Zona Recreativa (Erholungsgelände)

An schönen Wochenenden fahren die Einheimischen gern ins Grüne, um unter freiem Himmel ein ausladendes Mahl zu verzehren. Hierfür eignen sich die großen Freizeitplätze, die zumeist in Waldgebieten angelegt wurden. Sie sind mit Tischen, Bänken und Grillöfen ausgestattet und besitzen auch ein ausgedehntes Spielgelände für Kinder.

Senderos Turisticos (Wanderrouten)

Im Forst von Aguamansa, im Anaga- und im Teno-Gebirge sind viele Wege mit gelben Rauten markiert. Rustikale Schilder und beschriftete Pfeile kennzeichnen die Ausgangspunkte.

In den anderen Gebieten sind die Hinweise für Wanderer noch spärlich gesät. Die gelegentlichen Farbmarkierungen gehen auf private Initiativen zurück und stammen meist von deutschen, österreichischen oder englischen Wanderfreunden.

Dies gilt auch für die **Steinmännchen,** die an Kreuzungen den richtigen Weiterweg anzeigen.

In einigen Wandergebieten (Aguamansa, Teno-Gebirge) wurden **gemauerte Steinsäulen** aufgestellt. Die angegebenen Ortsnamen entsprechen aber nur selten den gebräuchlichen und in den Wanderkarten vermerkten Bezeichnungen. Im Text des Buches werden deshalb beide Namen genannt.

Gemauerte Steinsäulen erleichtern die Orientierung

Geographische Bezeichnungen

Sie können in den Namen von Ortschaften oder Wanderzielen vorkommen – und werden gelegentlich auch im Text verwendet.

monte, montaña	Berg	valle	Tal
sierra	Bergkette	llano	Ebene
pico	Berggipfel	mesa	Hochebene
cumbre	Bergkamm	caldera, cañada	Krater, Kessel
lomo	Bergrücken	barranco	Schlucht
puerto, degollada	Bergpass	cueva	Höhle
piedra	Stein	colina	Hügel
roque	Fels	vista	Aussicht
risco	Felsgrat	mirador	Aussichtspunkt
casa	Haus	pueblo	Dorf
casa forestal	Forsthaus	ciudad	Stadt
refugio	Berghütte	urbanización	neue Siedlung
bar	Schenke	castillo	Schloss
bodega	Weinlokal	iglesia	Kirche
parador	staatl. Hotel	ermita	Einsiedelei
finca	Bauernhof	cementerio	Friedhof
calle	Straße	camino	Weg
carretera	Landstraße	camino forestal	Forstweg
rambla	Promenade	sendero	Pfad
costa	Küste	arena	Sand
playa	Strand	médano	Düne
cala	Bucht	faro	Leuchtturm
punta	Landzunge	puerto	Hafen
río	Fluß	pozo	Brunnen
arroyo	Bach	galería	Wasserstollen
fuente	Quelle	puente	Brücke

Eine kurvenreiche Straße durchzieht das wildromantische Teno-Gebirge

Das einst unberührte Bergdorf Masca ist heute ein beliebtes Ausflugsziel

Die Pfade der Ziegenhirten eignen sich ideal zum Wandern

Das Anaga-Gebirge beeindruckt mit schroffen Bergen und reizvollen Tälern

Blick auf Puerto de la Cruz mit Taoro-Park und hochgelegenem Casino. Im Hintergrund die Passatwolke und der schneebekränzte Teide.

Wandergebiet Puerto de la Cruz

Auf den ersten Blick ist Teneriffas Hauptferienort ein kleines „Manhattan" inmitten von Bananenfeldern. Hochhäuser säumen die schwarze Lavaküste; vorgelagert ist eine Kette von Meerschwimmbädern. Ein berühmter Architekt hat sie gestaltet und so kunstvoll dem Ufer zugesellt, dass sie mit der Promenade zu verschmelzen scheinen. Die meisten Urlauber flanieren durch diese gepflegte Freizeitkulisse. Sie halten sich an die Avenida de Colón und die Fußgängerzone San Telmo oder bummeln von dort in die angrenzenden Einkaufsstraßen, zum Blumenmarkt und zum hübschen Fischerhafen. Nahtlos fügt sich die Altstadt an. Sie besitzt noch einen Anflug jenes altspanischen Stils, der Puerto de la Cruz kennzeichnete, bevor ein Urlaubsparadies für rund 40 000 Gäste entstand.

Der Reiz des Ortes gründet sich vor allem darauf, dass er auf zwei verschiedenen Höhenlagen angesiedelt ist. Hinter dem Uferbezirk steigt steil der Hang an; im Osten stößt die Felswand bis ans Meer vor. Die ersten Spaziergänge, die über das Zentrum hinausgehen, wenden sich meist den Aussichtspunkten zu. Über Treppen und Villenstraßen sind sie problemlos zu erreichen. Wer den Aufstieg scheut, kann auch per Linienbus oder Taxi in die höhergelegenen Ortsteile fahren.

Es gibt viele Möglichkeiten, Puerto de la Cruz zu Fuß zu erkunden. Nachteilig wirkt sich nur aus, dass der Verkehr immer stärkere Ausmaße annimmt und somit die Freude an manch schöner Strecke beeinträchtigt. Leider werden auch die Wege durch die Bananenfelder immer spärlicher, weil zahlreiche Eigentümer den Zugang versperren. Der Bauboom bewirkt zudem eine Zersiedelung der ländlichen Umgebung. Dennoch blieben hübsche Wanderrouten erhalten. Seit 1992 besitzt der Ort eine besondere Attraktion: die Playa Jardín. Der 1 km lange schwarze Sandstrand wurde – wie die Meerschwimmbäder – von César Manrique modelliert und beeindruckt jetzt als mustergültige Freizeitanlage.

Hübsche Ausflugsziele in der Umgebung sind die Ortschaften entlag der Küste und die Dörfer des höhergelegenen Orotavatals.

1 Zu Blumen und seltenen Pflanzen

Playa Martiánez – La Paz – Botanischer Garten

Einer der schönsten Spaziergänge führt in die Ortsteile La Paz und Botánico. Sie liegen auf dem Plateau oberhalb der Steilküste und gelten als bevorzugte Wohngegend von Puerto de la Cruz. Üppige Bougainvillea-Wolken und rot blühender Hibiskus umschmeicheln schöne Bungalows, und die Gärten sind so vielgestaltig angelegt, dass sie wie ein Bilderbuch die heimischen Blumen und Bäume vorstellen. Eine Reihe von Großhotels umrahmt den Villenbezirk von La Paz; eine Restaurant- und Geschäftspromenade entwickelte sich an der Fahrstraße zum Botanischen Garten.

Gehzeit: Mit Rückweg 1 1/2 Std

Wegstrecke: Spaziergang mit An- und Abstieg von rund 80 Höhenmetern.

Ausgangspunkt: Playa Martiánez. Der Platz oberhalb der Bucht schließt sich an die Küstenstraße Avenida de Colón an und ist ein beliebter Treffpunkt der Urlauber. Dort beginnt oder endet meist ein Bummel entlang der Uferpromenade. Eine besondere Attraktion ist das gelbe „Bähnchen", das die Besucher zum Papageienpark (Loro Parque) in Punta Brava bringt.

Wegverlauf: Zwischen den beiden Großhotels Atlantis und San Felipe betritt man die Palmenallee Aguilar y Quesada. Im Schatten der tropischen Bäume spaziert man gemächlich voran, genießt die Ferienatmosphäre des Orts. Nach wenigen Minuten passiert man ein großes Einkaufszentrum. Kurz danach trifft man auf die Autostraße, die von La Paz herunterführt. Man folgt ihr über die Brücke und einige Meter bergan. Dann biegt der **Treppenweg** Camino de las Cabras links ab. Er ist von Souvenirläden gesäumt und so fußgängerfreundlich angelegt, dass es nicht schwerfällt, 148 Stufen hinaufzusteigen.

Allerdings ist man dann noch nicht am Ziel. Eine breite, mit Bänken und Blumenkästen ausgestattete **Promenade** schließt sich an. Es geht nun sanfter empor, aber noch einmal sind 75 Stufen zu bewältigen. Die Promenade mündet in die Straße, die geradewegs zu einem wunderschönen **Aussichtsplatz** hinleitet. Die Terrassencafés Mirador und Bellamar fassen ihn ein, laden zum Traumblick bei Kaffee und Kuchen.

Wer ein wenig Treppab-Treppauf nicht scheut, sollte über die Terrasse des Cafés Bellamar zu einem reizvollen **Höhenweg** hinabsteigen (57 Stufen). Er verläuft ziemlich eben oberhalb der Steilküste, bietet ein prachtvolles Panorama der Uferzone und führt an einem weiteren Aussichtscafé (Alba) vorüber. Bei einem auffälligen Drachenbaum gibt es auch eine hübsche Querverbindung (Calle Ciprés) zur Villenstraße Leopoldo Cólogan Zulueta. Die Promenade am Hang führt geradewegs zum Luxushotel **Semiramis;** über 40 Stufen gelangt man hinauf zur Straße (30 Min.).

Nun hält man sich rechts und kehrt auf einer Parallelroute durch die Villensiedlung La Paz zurück. Die blu-

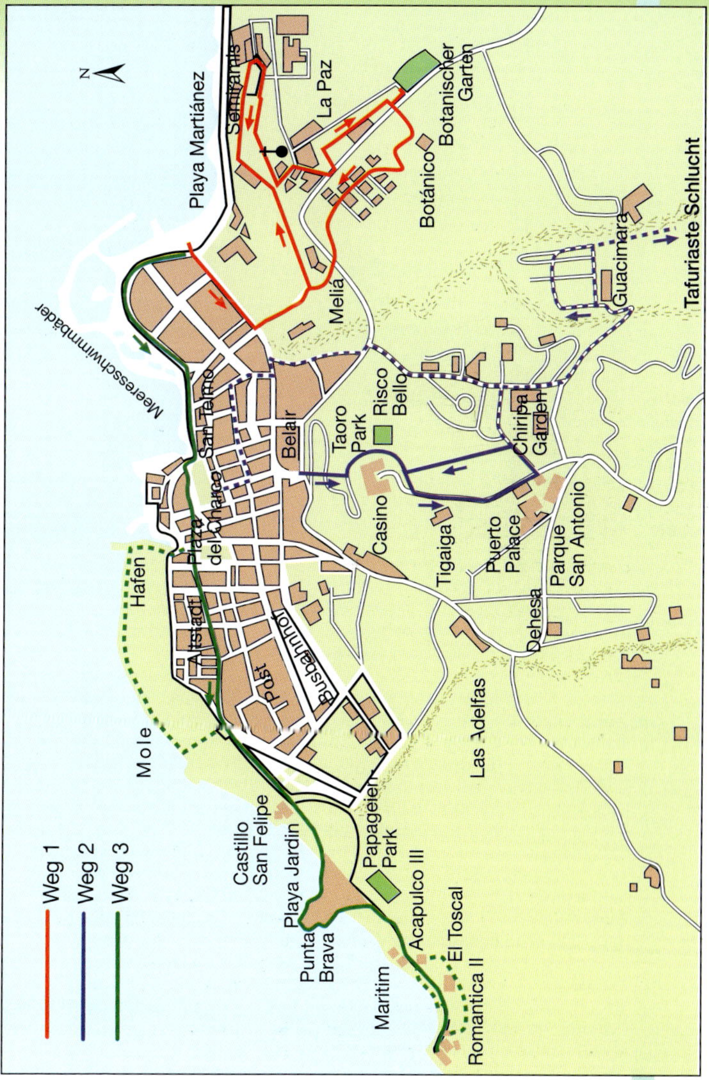
Weg 1
Weg 2
Weg 3
N
Playa Martiánez
Semiramis
La Paz
Botanischer Garten
Botánico
Tafuriaste Schlucht
Guacimara
Meliá
Meeresschwimmbäder
San Telmo
Belair
Taoro Park
Risco Bello
Chiripa Garden
Casino
Tigaiga
Puerto Palace
Parque San Antonio
Plaza del Charco
Hafen
Altstadt
Post
Busbahnhof
Dehesa
Las Adelfas
Mole
Castillo San Felipe
Playa Jardín
Papageien Park
Acapulco III
El Toscal
Punta Brava
Maritim
Romantica II

Die Aussichtspromenade von La Paz führt an einem schönen Drachenbaum vorüber

mengesäumte Calle de Leopoldo Cólogan Zulueta spiegelt noch die idyllischen Anfänge des Tourismus. Das Haus Nr. 12 unterscheidet sich deutlich von den modernen Bungalows. Es ist der herrschaftliche Gutshof, der einmal Mittelpunkt der „ländlichen" Gegend war. Der Name **La Paz** (der Frieden) weist darauf hin, wie still es hier gewesen ist.

Beim Kirchlein San Amaro hält man sich links und wandert auf den Supermarkt 2000 zu. Von dort folgt man der vielbefahrenen Carretera Botánico. Eine Fußgängerzone grenzt an und verlockt zu einem kleinen Schaufensterbummel. Nun ist es nicht mehr weit bis zum **Botanischen Garten** (1 Std.) Er wurde schon im 18. Jahrhundert auf Anregung des spanischen Königs angelegt, um tropische Pflanzen zu akklimatisieren. Sie gediehen prächtig im frühlingshaften Wetter Teneriffas, doch sie gewöhnten sich nicht an die strengeren Temperaturen des spanischen Festlandes. Heute beheimatet der Botanische Garten viele exotische Gewächse; geöffnet ist er täglich von 9-18 Uhr, im Sommer bis 19 Uhr.

Reizvoll ist es, im nahegelegenen Luxushotel Botánico einen Spaziergang durch den Hotelgarten zu machen. Mit seinen Palmen, Blumenrabatten und kleinen Teichen entspricht er dem Bild, das man auf Teneriffa erwartet. Auch entlang der Villenstraße Richard J. Yeoward entdeckt man Bäume und Sträucher, die typisch für die Flora der Insel sind. Beim Hotel Meliá Puerto de la Cruz quert man die belebte Autostraße und stößt dann wieder auf den Treppenweg, den man emporgegangen ist.

Über die Palmenallee kehrt man zur Uferpromenade und zur Playa Martiánez zurück (1 Std. 30 Min.).

Über den Dächern der Altstadt

Appartementhaus Belair – Taoro-Park – Hotel Tigaiga

2

Der zweite Spaziergang, der einen schönen Blick auf den Ort verspricht, zielt meist in Richtung Taoro-Park. Diese weitläufige, von Treppen durchzogene Grünanlage schließt sich unmittelbar ans Zentrum an, beginnt hinter dem „Wolkenkratzer" Belair, der zu einem (nicht unbedingt schönen) Wahrzeichen von Puerto de la Cruz geworden ist. Der recht steile Hang ist mit Palmen, blühenden Sträuchern und kleinen Teichen attraktiv gestaltet, hat hübsche Aussichtsplätzchen zum Rasten und verlockt auch mit einem Terrassencafé (Restaurant Taoro). Auf der Hochfläche haben sich eine ganze Reihe von Hotels und zahlreiche Villen angesiedelt; den grünen Rahmen bilden noch immer Bananenfelder.

Wegstrecke: Spaziergang mit An- und Abstieg von rund 50 Höhenmetern.

Ausgangspunkt: Appartementhaus Belair zwischen Zentrum und Taoro-Park.

Gehzeit: Mit Rückweg 1 Stunde

Das Spielcasino liegt in repräsentativer Lage oberhalb des Taoro-Parks

Das Vier-Sterne-Hotel Tigaiga in Puerto de la Cruz ist ein Treffpunkt der Wanderer - und ein hübsches Ziel für Spaziergänger und Blumenfreunde

Wegverlauf: Das einstige Luxushotel Taoro, das vor mehreren Jahren zu einem **Spielcasino** umgebaut wurde, ist das erste Ziel am Wege. Ganz in der Nähe liegt das moderne Konferenzzentrum, das von einer hübschen Grünanlage umgeben ist. Nun biegt der Fußgänger in die Carretera Taoro ein und besichtigt das **Hotel Tigaiga,** das mit deutschem Kaffee und Kuchen, einem hübschen Ausblick auf Puerto de la Cruz – und vor allem mit einem interessanten Garten aufwartet. Ihn schmücken viele subtropische Bäume, Pflanzen und Blumen, die der Besucher anhand einer kleinen Broschüre identifizieren kann. Einmal in der Woche finden auch spezielle Führungen statt (dienstags um 16 Uhr). Am Sonntagmorgen um 11 Uhr werden im Garten Folklore-Tänze und kanarische Ringkämpfe vorgeführt.

Der Streifzug durch diese schöne Villengegend lässt sich beliebig erweitern. Hinter dem Hotel Tigaiga gibt es zum Beispiel eine kleine **Fußgängerzone** mit Bänken, schönen Ausblicken und Einkehrmöglichkeiten. Der Zugang beginnt im Anschluss an das benachbarte Haus. Die Via de Malpaís mündet in eine gekachelte Promenade mit einer Aussichtsterrasse (Bar Alberto's). Über einen Treppenweg mit vielen Stufen kann man übrigens auch von hier ins Zentrum zurückkehren.

Empfehlenswerter ist es, auf dem Hochplateau zu bleiben und – vorbei an der kleinen englischen **Kirche All Saints** (evangelische Gottesdienste in deutscher Sprache sonntags um 17 Uhr) – zum nahegelegenen Hotelkomplex **Parque San Antonio** zu gehen. Mehrere Wohntrakte rahmen eine hübsche Gartenanlage mit Swimmingpool und vermitteln eine sehr heitere, spanische Atmosphäre. Interessant ist der Vergleich mit dem angrenzenden Hotel Puerto Palace, das 1990 eröffnet wurde.

Zurück zum Ausgangspunkt kehrt man am schnellsten über die Calle Suiza und dann über einen links abzweigenden Asphaltweg (Camino de la Sortija), der parallel zur Carretera Taoro die parkähnliche Hochfläche durchzieht. Die eindrucksvolle Silhouette des Spielcasinos ist nicht zu übersehen. Auf der Rückseite des Gebäudes hat man einen hübschen Garten angelegt.

Bevor man durch den Taoro-Park ins Zentrum zurückwandert, könnte man noch den aquatischen Garten **Risco Bello** besuchen. An eine schöne Wiesenfläche mit Café/Restaurant schließen sich vier kunstvoll ge-

Der Orchideengarten hat viele idyllische Fleckchen

staltete Terrassen mit blühenden Sträuchern und Bäumen, Teichen und kleinen Brücken, einer Grotte und Kaskaden an (Geöffnet 9.30-18.00 Uhr).

Natürlich kann man einen längeren Rundkurs wählen. Dann bleibt man auf der Calle Suiza, bis sie endet, und wandert über die abfallende Calle Bélgica zur vielbefahrenen Carretera Botánico hinab. Hat man sie überquert, entdeckt man die hübsche Fußgängerpromenade **Calle Sitio Litre.** Der Straßenname erinnert an den Landsitz des englischen Kaufmanns Little, der sich später Litre nannte. Alexander von Humboldt pries diesen „köstlichen Punkt" in seinen Reiseerinnerungen. Die gerühmte Idylle wurde zu einem Orchideengarten ausgestaltet und ist auch für Gäste zugänglich (täglich von 9.30 -18 Uhr). Ein Besuch lohnt sich nicht nur wegen der Vielfalt der Orchideen. Die grüne Oase beeindruckt mit seltenen Pflanzen und Bäumen, romantischen Winkeln und vielen Reminiszenzen der Vergangenheit. Der einstige Landsitz ist längst von Villen umrahmt; die Gartenmauern sind überzogen von Bougainvillea, Feuerbignonien und blaßblauem Bleiwurz.

Rund 50 Stufen führen hinab ins **Ortszentrum.** Beim Club Martiánez trifft man auf die Straße Enrique Talg. Ihr folgt man bis zur nächsten Kreuzung. Jetzt muss man sich entscheiden. Rechts geht es entlang der geschäftigen Ladenstraße Avenida del Generalísimo zur Playa Martiánez; geradeaus kommt man in die Fußgängerzone und zur San-Telmo-Promenade, und hält man sich links, sieht man das Hochhaus Belair als Richtungsweiser. Hübscher als die breite Autostraße, die dorthin führt, ist die schmalere Parallelstraße (Calle Iriarte).

Sie wandelt sich später zu einem Treppenweg, der mit Palmen, Tulpenbäumen und Hibiskussträuchern erfreut. 33 Stufen führen hinab zu einer Fußgängerzone mit schönen, alten Häusern. Nun ist es nicht mehr weit bis zur **Plaza del Charco.** Dieser weitgestreckte Platz ist zum Mittelpunkt des Ferienorts geworden. Hier endet die belebte Einkaufsstraße Quintana und auf der gegenüberliegenden Seite beginnt die Altstadt, die mit vielen typischen Restaurants aufwartet.

Von der Hochfläche aus kann man interessante Abstecher machen. Geht man, am Hotel „La Chiripa Garden" vorbei, die Calle Bélgica bis zum Ende empor und biegt auf die links abzweigende Straße (Carretera Tapias) ein, dann ist man schon am Rande dieses Ortsteiles. Auf ebenem Weg wandert man an der Rückseite des Krankenhauses Bellevue entlang, und bald zweigt nach rechts die Calle Dr. Rafael Folch ab. Sie führt erst als Straße und später als Treppenweg durch ein hübsches Villengelände. Blickpunkt ist der Aussichtsberg „Montaña de la Horca", der als Lavakegel den Ort überragt.

Biegt man nicht in die Calle Dr. Rafael Folch ein, sondern geht geradeaus weiter, kommt man zur Reihenhaus-Siedlung Mimosa-Park und zur **Urbanización Guacimara.** Sie ist wie eine Insel von zwei Schluchten eingefasst; zu zahlreichen Villen gesellen sich die Hotels Eden Roc und Eden Luz, die mit einem weitläufigen Parkgelände zum Spazierengehen einladen. Zum Greifen nahe wirkt das repräsentative Hotel Playa Canaria. Doch es liegt jenseits der Schlucht und kann nur über einen großen Umweg erreicht werden.

Ein Wanderweg durch die **Schlucht „Tafuriaste"** beginnt am Ende der Reihenhaus-Siedlung Mimosa-Park. Er ist rund 1 Kilometer lang und führt durch ein hübsches, eher flaches Tal. Grünverwachsen ist der felsige Untergrund; Bananenplantagen sind die höhergelegene Begrenzung. Der erste Zielpunkt ist ein Aquädukt, unter dem man hindurchgeht. Dann folgt man dem modernen Anbau der Wasserleitung. Sacht geht es bergan, und bald erreicht man die Autostraße, die oberhalb von Puerto de la Cruz entlangzieht (15 Gehminuten). Zurückwandern könnte man durch den Ortsteil San Nicolas.

Die Plaza del Charco ist ein beliebter Treffpunkt der Einheimischen und Touristen

Puerto de la Cruz – Kirche Señora de la Peña de Francia an der Plaza de la Iglesia mit einer eindrucksvollen Barockausstattung

3 Entlang der Küste zum „Gartenstrand“

Playa Martiánez – Küstenpromenade – Playa Jardín – Punta Brava – Hotel Maritim

Am westlichen Rand von Puerto de la Cruz liegt der schönste Strand des Ortes, die Playa Jardín. Ideal vereinen sich hier die Möglichkeiten zum Baden und Spazierengehen. In drei Buchten gegliedert ist der Strand; Promenadenwege durchziehen den Steilhang, der wie ein Garten angelegt wurde. Der Strand endet beim hübschen Örtchen Punta Brava. Auf einer kleinen Halbinsel stößt es ins Meer vor; und die Straßen haben ihren ursprünglichen Reiz bewahrt. Noch sind die Einheimischen unter sich; kein Hochhaus stört die Geschlossenheit des Ortsbildes. In Punta Brava befindet sich auch der Loro Parque, eine weitläufige tropische Gartenanlage mit vielen Attraktionen, etwa der größten Papageien-Sammlung der Welt, eindrucksvollen Shows mit Delfinen und Seelöwen, einem riesigen Haifisch-Kanal und zahlreichen anderen Beispielen der exotischen Flora und Fauna. Von Punta Brava kann man zur Hotelanlage Maritim weiterwandern und dann auf einem Höhenweg die Feriensiedlung Romantica II ansteuern.

Gehzeit: 2 Stunden

Wegbeschreibung: Abwechslungsreicher Spaziergang.

Ausgangspunkt: Playa Martiánez (→ Vorschlag 1).

Wegverlauf: Der erste Abschnitt des Weges ist den Urlaubern vertraut. **Avenida de Colón** und **San Telmo** repräsentieren die Bummelpromenade entlang der Lavaküste. Sie führt zum 1992 erbauten **Europa-Platz,** der wie eine historische Festung aussieht, zum kleinen **Fischerhafen** und zur **Plaza del Charco,** dem beliebten Treffpunkt von Einheimischen und Touristen. Nun wendet man sich der **Altstadt** zu. Dort haben sich viele typische Lokale angesiedelt, und die Calle del Lomo wurde zur Fußgängerzone gestaltet. Eine andere Möglichkeit, vom Hafen weiterzuwandern, ist eine Mole entlang des Meeres. Zielpunkt ist in jedem Fall das kleine **Kastell San Felipe,** das stilvoll renoviert wurde und zu Ausstellungen und Konzerten einlädt (50 Minuten).

Die Mole, die am kleinen Hafen beginnt, passiert auch den Leuchtturm von Puerto de la Cruz

Der folgende Küstenabschnitt hat sich zum zweiten Badeparadies des Ortes entwickelt. Die **Playa Jardín** wurde – wie die Meerschwimmbäder – vom bekannten Architekten César Manrique gestaltet und 1992 eröffnet. Künstliche Molen schützen einen weitgeschwungenen Strand mit feinem schwarzen Sand; schöne Grünzonen, Aussichtsterrassen und Cafeterias ergänzen die knapp 1 km lange Anlage. In einem Bogen wandert man auf den Ort **Punta Brava** zu.

Schon das erste Haus lädt zur Rast ein. Am Fuße der Steilküste ist eine schmale Terrasse zu einem orginellen Essplatz gestaltet. Mit Blick auf das Meer speist man frischen Fisch, riesige Teller Salat und typischen Ziegenkäse. Wer den Loro Parque ansteuert, steigt über Treppen zur Autostraße empor und folgt ihr nach

Das kleine Kastell San Felipe ist ein hübscher Blickpunkt nahe des Gartenstrandes

Der reizvoll gestaltete Gartenstrand (Playa Jardín) verlockt zum Spazierengehen, zum Sonnen und zu einem Bad im Meer

Mit einer wunderschönen Gartenanlage beeindruckt das Hotel Maritim

rechts. Rund 200 Meter sind noch zu gehen, dann markiert eine weiße Kuppel den Eingang zum Papageienpark.

Wer von der Playa Jardín direkt in den Ort Punta Brava hineinwandern möchte, gelangt auf der unteren Promenade zur Calle Guayanfanta, die später in die Calle Añagua einmündet. Sie führt zu einem hübschen Platz mit Palmen und typisch kanarischer Atmosphäre. Es lohnt sich, das einstige Fischerdorf zu erkunden. Zu Reihen sind die kleinen Häuser zusammengeschlossen, viele Straßen enden am schroffen Gestein. Ein paar nette Lokale sind zu entdecken.

Von der Plaza Manuel Ballesteros kommt man entlang der Straßen Ruiman, Pelicar und Tinguaro zu einer kleinen Kapelle. Dort leitet ein Dutzend Stufen hinab zum Uferweg Pelinor. Er geht in die schmale Straße Tegueste über, auf der man das Dorf umrundet. Eindrucksvoll ist der Blick auf die wilde Lavaküste und das Meer. Nach dem letzten Haus geht es über 26 Stufen zur Autostraße empor. Sie führt an einem Hundeasyl vorbei auf drei Hochhäuser zu (1 Std. 20 Min.).

Die beiden ersten „Wolkenkratzer" entpuppen sich als die Hotel- und Appartementhaus-Anlage **Maritim.** Ein Spaziergang durch den wohl schönsten Hotelgarten des Ferienortes ist sehr empfehlenswert. Obergärtner Steffen Täger veranstaltet auch Führungen; ein von ihm verfasstes Gartenbuch ist im Hotel erhältlich. Das dritte Gebäude wirkt etwas bescheidener und enthält Eigentumswohnungen (Acapulco III). Am Ende des Parkplatzes beginnt ein schön angelegter **Höhenweg,** der von einem hölzernen Geländer und später von einer Mauer begrenzt ist. Zuerst wandert man ein Stück bergab, dann geht es ziemlich eben entlang der Steilküste. Zu

Strelitzie (Papageienblume)

Kanarischer Blaustern

Kanarischer Admiral auf Tabaquero-Blüte

Füßen liegt eine wildromantische Bucht. An den steinigen Strand gischtet das Meer; Felsinseln sind bizarre Blickpunkte. Später kommt man an einigen Bananenterrassen vorüber, und dann teilt sich die Route. Ein breiter Fahrweg führt zu den Häusern der Feriensiedlung Romantica II empor; nach rechts setzt sich der Höhenweg fort. Wir folgen ihm und gelangen durch ein Felstor zu einem romantischen „Ausguck". Von dort kehrt man am besten auf der gleichen Route wieder zu den Hochhäusern Acapulco und Maritim zurück.

Etwas anstrengender ist der **Rundkurs über den Strand.** Wer diesen Rückweg wählt, biegt beim „Ausguck" nach rechts ab und wandert zum Meer hinunter. Über felsiges Gestein geht es am Fuß der Steilküste entlang, dann steigt man wieder zum Höhenweg empor. Bei einer kleinen Aussichtsplattform trifft man auf die ursprüngliche Route. Nun sind es nur noch wenige Schritte bis zur Hotelanlage Maritim (1 Std. 50 Min.).

Auf der vertrauten Strecke wandert man nach **Punta Brava** zurück (2 Std.). Von dort kann man mit dem Linienbus 381 in die Stadt zurückfahren; oder man nimmt nach der Besichtigung des Papageienparks das hübsche „Bähnchen", das die Besucher zum Ortszentrum bringt.

Die beschriebene Wanderung kann man mit einem **Abstecher zur Feriensiedlung Romantica II** erweitern. Dann sollte man vom Höhenweg auf die breite Trasse überwechseln, die in Kehren zu den hochgelegenen Häusern emporführt. Sie mündet bei einem Aussichtsplateau in die Calle Amapolas. Entlang dieser Villenstraße wandert man nun zu einem kleinen Platz mit Geschäften und Einkehrmöglichkeiten.

Eine spektakuläre Delfin-Show gehört zu den Attraktionen des Papageienparks

Zurück kehrt man auf gleicher Route. Reizvoll ist aber auch der Umweg über den Ortsteil **El Toscal.** Wer diese Variante wählt, wandert beim Aussichtsplateau nicht zum Höhenweg hinab. Stattdessen biegt man beim Haus Nr. 26, Casa Inge Martina, nach rechts ab. Am Rande der Villensiedlung geht es sacht empor. Man passiert das Tenniszentrum Miramar, das ein hübsches Restaurant besitzt, und wandert oberhalb der Bananenterrassen entlang der Calle Los Beltranes. Wenn man bei einem einfachen Appartementhaus anlangt, folgt man nicht der Straßenkurve, sondern man hält sich links und dann geradeaus. Der einfache Fahrweg führt an Reihenhäusern vorbei und auf eine kleine Hochfläche zu. Sie scheint auf der anderen Seite von einer Mauer begrenzt zu sein; doch bei näherem Hinsehen entdeckt man dahinter ein Wasserreservoir.

Auf der linken Seite des Beckens setzt sich die Route fort. Sie zieht erst als Höhenweg sanft bergab und mündet dann in eine steinerne Trasse, die in Kehren zur Küste hinabzieht. Die Route zu den Hochhäusern Acapulco und Maritim ist gleichsam vorgezeichnet.

4 Ein beliebtes Wanderziel: Die Bollullo-Bucht
Hotel Semiramis (La Paz) – Playa Bollullo

Die Bollullo-Bucht ist der „versteckte“ Badestrand von Puerto de la Cruz. Eingerahmt von Bananenterrassen liegt er abseits vom Ort. Ihn schätzen vor allem die Individualisten. Ein schöneres Plätzchen zum Baden und Sonnen wird man kaum finden. Lavafelsen umschließen einen Streifen mit feinstem, schwarzen Sand; in mächtigen Wellen rollt der Atlantik heran. Nur sehr gute Schwimmer sollten es wagen, ins Meer hinauszuschwimmen. Die meisten Gäste begnügen sich mit Brandungshüpfen oder einem barfüßigen Spaziergang durchs seichte Wasser. Reizvoll ist der Wanderweg, der zur Bollullo-Bucht hinleitet. Er führt durch Bananenfelder, bietet hübsche Ausblicke – und passiert auch ein typisches Fischlokal.

Gehzeit:
Mit Rückweg
2 Stunden

Wegbeschreibung: Leichte Wanderung mit kleineren An- und Abstiegen.

Ausgangspunkt: Hotel Semiramis (La Paz).

Wegverlauf: Das Fünf-Sterne-Hotel Semiramis ist ein Blickpunkt im hochgelegenen Ortsteil La Paz. In rund 30 Minuten kann man von der Strandpromenade Playa Martiánez dorthin emporwandern (→ Vorschlag 1). Wer den Anstieg von rund 80 Höhenmetern scheut, sollte sich mit dem Taxi zum Ausgangspunkt bringen lassen.

Vom Hotel **Semiramis** geht man in östlicher Richtung weiter (Camino La Costa). Die Asphaltstraße wird nun schmaler und führt an einer Mauer entlang, hinter der sich hübsche Villen verstecken. Nach etwa 100 Metern biegt die Straße rechts ab. Die Wanderer gehen aber geradeaus auf die modernen Appartementhäuser zu, die sich entlang der Steilküste angesiedelt haben. Allmählich nähert man sich dem ländlichen Gebiet, aber leider werden viele Terrassen nicht mehr bebaut. Die Route verläuft parallel zum Atlantik und unterquert in einem Tunnel die Autostraße, die von Puerto de la Cruz heraufzieht.

Nach dem Tunnel wird die Landschaft reizvoller und man hat schöne Ausblicke aufs Meer. Ein kleines Anwesen rechts am Weg suggeriert bäuerliche Idylle. Auffällig ist der Kontrast zur modernen Villa, an der man kurze Zeit später vorüberwandert. Eine weiße Mauer umschirmt sie wie eine Festung. Jetzt ist man im Bereich der Bananenfelder.

Es lohnt sich, gelegentlich stehenzubleiben und die Bananenpflanzen näher zu betrachten. In langen Reihen sind sie sorgsam angeordnet; zwei Stauden stehen jeweils eng beieinander. An der größeren hängen die grünen Früchte, die man stets vor der Reife aberntet, als ganze „Hände“ in Decken hüllt und zur Packerei transportiert. Dann wird der Stamm entfernt, denn die Mutterstaude trägt nun keine Bananen mehr, und ein Ersatz ist bereits herangewachsen.

Oberhalb der Steilküste wandert man nun durch Terrassenfelder; ziemlich

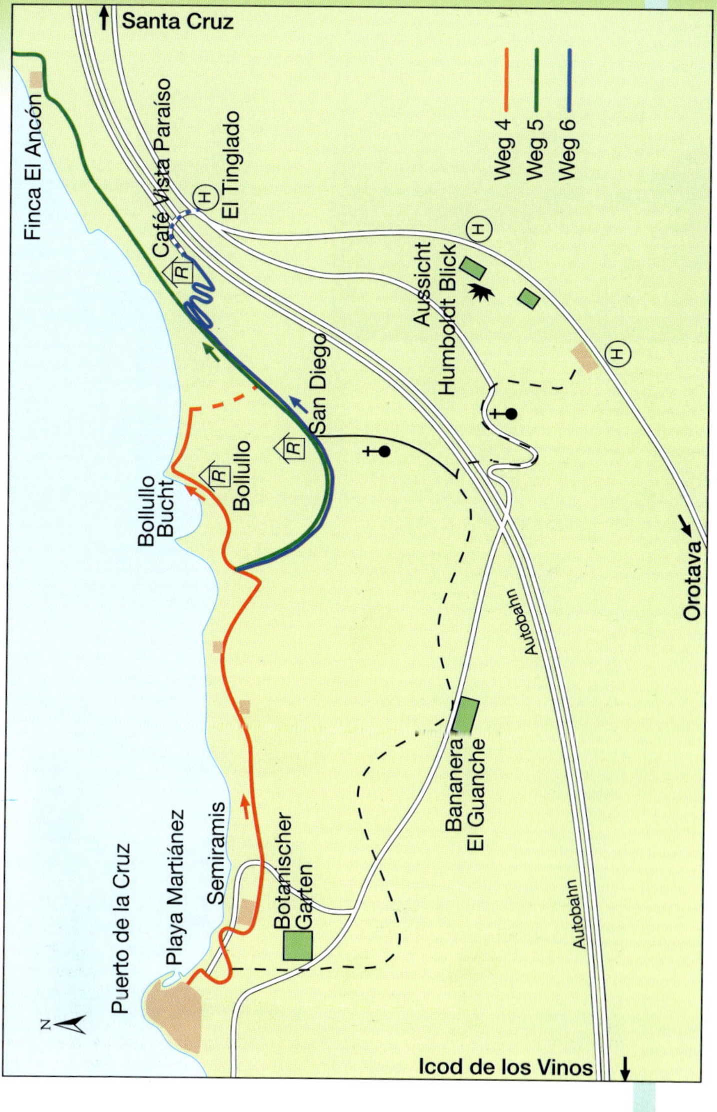
Santa Cruz
Weg 4
Weg 5
Weg 6
Finca El Ancón
Café Vista Paraíso
El Tinglado
Aussicht
Humboldt Blick
San Diego
Bollullo
Bollullo
Bucht
Orotava
Autobahn
Autobahn
Bananera
El Guanche
Botanischer
Garten
Semiramis
Playa Martiánez
Puerto de la Cruz
N
Icod de los Vinos

Die Finca El Ancón ist ein schöner Landsitz in einsamer Landschaft

eben verläuft die Route. Später wird der Fahrweg zu einer gepflasterten „Promenade" und führt auf eine Schlucht zu. Auf einem gut angelegten Pfad geht es in die Talsohle hinab und am jenseitigen Hang wieder empor. Ihn krönt ein komfortables Landhaus (30 Min.).

Dort gabelt sich der Weg. Zum Ausflugscafé Vista Paraíso und zur Finca El Ancón biegt man rechts ab; zum **Badestrand Bollullo** verläuft der Weg geradeaus weiter. Nach wenigen Minuten ist die Bucht schon zu sehen, allerdings zu Füßen einer Felswand und nur zugänglich von der anderen Seite. Zur Einkehr verlockt das moderne **Restaurant Bollullo** (Aussichtsterrasse, hübscher Gastgarten, Donnerstag geschlossen).

Um zum Sandstrand zu gelangen, muss man bis zum Ende der Bucht wandern. Auf der Bergnase stand einst das Häuschen eines Eremiten; jetzt ist es verfallen und hinter einer Mauer fast verborgen. Ein Steig führt hinab zum Meer. Der idyllische Badeplatz ist von hohen Lavawänden eingefasst; meist finden sich weniger Leute ein, als die Nähe des riesigen Ferienorts vermuten lässt. Eine Snackbar bietet einfache Speisen und Getränke; Liegen werden vermietet (50 Min.).

Wanderer können von der Bergnase aus noch ein Stück weitergehen. Ein hübscher, wenn auch ungepflegter Pfad zieht am Rande der Steilküste entlang und führt in ein sehr einsames Gebiet. Nach einigen Minuten biegt ein Serpentinensteig

Die Bollullo-Bucht verlockt mit einem schönen, schwarzen Sandstrand

Rund um Puerto de la Cruz kann man in Bananenplantagen die Ernte dieser tropischen Früchte beobachten

ab, sein Ziel ist ein noch recht stiller Strand, der an die Playa Bollullo angrenzt.

Der ebene Weg endet bei einem kleinen Plateau. Am Fuße des Hanges entdeckt man die verlassene Anlage eines Wasserstollens. Die Treppe, die hier zum Meer hinabführt, ist ausgebrochen und nicht mehr benützbar. Ein verwachsener Pfad durch eine kleine Schlucht leitet zu einem höhergelegenen Fahrweg empor (Route zur Finca El Ancón, → Vorschlag 5).

Für den Rückweg nach Puerto de la Cruz wählt man am besten dieselbe Route; man kann natürlich auch einen Abstecher zur Finca El Ancón oder zum Ausflugscafé Vista Paraíso anschließen.

5 Durch die Bananenplantagen

Hotel Semiramis (La Paz) – Finca El Ancón

Die Bucht unterhalb der Finca El Ancón kennen die wenigsten Feriengäste. Sie eignet sich zum Baden auch nur im Sommer, denn in den anderen Jahreszeiten stößt das Meer oft bis zu den Felsen vor und lagert viele Steine ab. Für Wanderer ist die Strecke aber immer lohnend. Sie zählt zu den schönsten Routen, die in Ortsnähe und fernab vom Verkehr möglich sind. Auf halber Höhe zieht der Weg durch Bananenplantagen, passiert hübsche, ländliche Anwesen und bietet prachtvolle Ausblicke auf die Küstenlinie.

Gehzeit: Mit Rückweg 3 Stunden

Wegbeschreibung: Leichte Wanderung mit wenigen An- und Abstiegen.
Ausgangspunkt: Hotel Semiramis (La Paz).
Wegverlauf: Der Wanderer hält sich vorerst an die **Route zur Bollullo-Bucht** (→ Vorschlag 4), bis er jenseits der Schlucht bei einem schönen Landhaus anlangt (30 Min.). Dort teilt sich der Weg. Nun biegt man rechts ab und folgt der Trasse, die oberhalb des Talbodens entlangzieht. Auf dieser Strecke gelangt man auch zum Ausflugscafé Vista Paraíso (gelbrote Raute). Ein wenig bergan führt die Wanderung und verläuft dann auf einer höheren Etage parallel zum Atlantik. Soweit das Auge reicht, erstrecken sich Terrassenfelder. Später tauchen ein paar Häuser am Weg auf; man passiert eine kleine Schule und das Restaurant **San Diego,** das am Montag geschlossen hat (45 Min.).

Rechts führt eine breite Asphaltstraße empor; zur Finca El Ancón geht es geradeaus weiter. Nach kurzer Zeit entdeckt man in einer Rechtskurve die Ankündigung „Playa". Diese Abzweigung nach links könnte man als Rückweg wählen. Wir bleiben auf der Fahrstraße und wandern beschaulich durch die Bananenfelder voran. Zwischen den Stauden entdeckt man gelegentlich auch Avocado-Bäume. Ihr Anbau wird in vielen Regionen verstärkt.

Etwa 100 Meter nach einem Haus mit schönem Holzbalkon (Casa Victor) ist die Straße mit einer Kette abgesperrt. Das Verbotsschild gilt aber nur für Autos. Wanderer können ihre Tour fortsetzen und brauchen sich durch Hundegebell nicht irritieren zu lassen. Gleich nach der Absperrung führt auch ein steiler Pfad zum Café Vista Paraíso hoch (→ Vorschlag 6).

Auf dem Weg zur Finca El Ancón wird die Landschaft immer einsamer. Grünverwuchert sind die Terrassenfelder; die kleinen Gehöfte stehen leer. Die Bergwände, in denen viele Höhlen auffallen, rücken näher heran; sacht fällt der Weg zur Küste ab. Man passiert ein kleines Plateau mit einem verfallenen Häuschen und einem großen Lorbeerbaum. Von hier geht es hinab zu einem abgeschiedenen Strand. Wir gehen geradeaus weiter. Bei der ersten Serpentine sollte man Umschau halten. Ein versteckter Steig führt zu einem Ausguck, wie er romantischer nicht sein könnte. Eine steinerne Bank lädt zur

Rast ein; der Blick reicht von den schroffen Felsen im Osten bis zur eindrucksvollen Silhouette von Puerto de la Cruz (1 Std. 10 Min.). Jetzt ist es nicht mehr weit bis zur **Finca El Ancón**, einem schöngelegenen Landsitz.

Zur Bucht hinunter gibt es einen fast geheimen Gang. Um ihn zu finden, folgt man dem Fahrweg, bis die erhöhte Steinbrüstung endet. Dann steigt man links einen Stufenweg hinab, der von einer Schilfrohrhecke begrenzt ist. Wenn es geradeaus nicht mehr weitergeht, biegt man rechts ab, wandert um eine Terrasse herum und setzt den Weg zum Meer hin fort. Entlang der Hecke kommt man zu einer sorgsam angelegten Treppe, die durch ein düsteres Felstor zum **Strand** hinleitet. Oft ist das Ufer vom Wasser überflutet, und der Wanderer sieht nur dunkles Lavagestein, über das die Brandung herangischtet.

Zurück kehrt man meist auf der gleichen Route. Man passiert wieder die Finca El Ancón und wandert in Serpentinen zum Höhenweg empor. Wer eine Abkürzung wählen möchte, der biegt bei der ersten Serpentine rechts von der Fahrstraße ab und folgt einem Pfad, der unterhalb einer Mauer entlangzieht. Bald führt dann ein Weg links zu dem verlassenen Häuschen mit dem Lorbeerbaum empor. Man kann auch noch ein Stück auf dem ebenen Pfad bleiben, der jetzt am Rande der Steilküste verläuft. Nach einigen Minuten führt ein zweiter Weg durch die Terrassenfelder empor. Er mündet in die Fahrstraße, die wir vom Hinweg kennen (nahe dem Aufstieg zum Café Vista Paraíso).

Auf dem Rückweg könnte man auch noch andere Ausflugsziele ansteuern. Ein steiler Pfad führt zum Beispiel zum **Café Vista Paraíso** empor. Rund 15 Gehminuten braucht man für den Aufstieg; die Anstrengung lohnt eine erholsame Rast mit Traumblick (→ Vorschlag 6).

Reizvoll, wenn auch zu Anfang etwas abschüssig und steinig, ist der Verbindungsweg zur **Bollullo-Bucht**. Er beginnt bei der Abzweigung Playa, die man schon auf dem Hinweg entdeckt hat. Eine Treppe führt vor einem kleinen Haus hinab und mündet in einen schmalen Pfad, der eine üppig bewachsene Talmulde durchzieht. Nach einigen Minuten steht man oberhalb der Steilküste. Dort hält man sich links und wandert auf einem ebenen Höhenweg zur Bollullo-Bucht. Auf halber Strecke führt ein steiler Pfad zur sogenannten Playa, einem einsamen Strand hinab. Rund 15 Gehminuten von der Abzweigung bis zur Bollullo-Bucht.

Durch Bananenplantagen wandert man zur Bollullo-Bucht

6 Paradies mit Apfeltorte
Café Vista Paraíso – La Paz – Playa Martiánez

Wohl den schönsten Ausblick auf Puerto de la Cruz – und dazu noch Salzburger Apfeltorte als Spezialität bietet das Café Vista Paraíso. Hoch über dem Atlantik liegt es an der Steilküste von Santa Ursula, und von der Terrasse kann man fast die ganze Nordwestküste überschauen. Interessierte Gäste bekommen mit ihrem deutschen Kaffee oder dem Erfrischungsgetränk „Trago Paraíso" gleich noch ein paar Einzelheiten über die Lokalität mitgeliefert. In der Getränkekarte haben die Wirtsleute nämlich alle Fragen beantwortet, die immer wieder an sie gerichtet wurden. Nach der Lektüre wissen die Ausflügler, dass sie 260 Meter über dem Meeresspiegel sitzen, die Luftlinie nach Puerto de la Cruz rund 4 Kilometer beträgt und das deutsch-österreichische Café 1969 eröffnet wurde. Mutter und Tochter führen jetzt den Familienbetrieb und setzen die gastliche Tradition fort. Den Ausflug kann man mit einer netten Wanderung kombinieren; ein markierter Weg durch Bananenfelder verbindet mit Puerto de la Cruz. Das Café Vista Paraíso ist von 12 Uhr bis Sonnenuntergang geöffnet, am Sonntag geschlossen.

Gehzeit: 1 Std. 45 Min.

Wegbeschreibung: Leichte Wanderung; anstrengend ist nur der 190 m hohe Steilhang, den man zu Anfang hinabsteigen muss.

Anfahrt: Mit dem Bus 101 nach Santa Cruz (nicht in den Direktbus einsteigen!) bis zur Haltestelle Tinglado/Cuesta de la Villa (→ Fahrplan im Anhang).

Mit dem Auto bis zur Autobahnausfahrt Nr. 17 La Orotava und dann auf der beschilderten Zufahrt zum Café (Calle Vista Paraíso).

Wegverlauf: Wer mit dem Bus anfährt, geht von der Haltestelle Tinglado zur Brücke über die Autobahn, wechselt auf die andere Seite hinüber (Richtung Puerto de la Cruz) und folgt dann dem gekennzeichneten Weg, der in 8 Minuten zum Café Vista Paraíso hinleitet. So paradiesisch, wie der Name verspricht, erweist sich der Ausblick, und es wundert nicht, dass sich in der Nachbarschaft mehrere Traumvillen angesiedelt haben. Wie moderne Burgen thronen sie oberhalb der Steilküste, sind eingerahmt von herrlichen Gärten.

Ausflügler, die nach Puerto de la Cruz wandern wollen, gehen vom **Café Vista Paraíso** etwa 100 Meter auf der Zufahrtsstraße zurück. Wenn (links!) ein Hinweisschild auffällt, biegen sie rechts bei Haus Nr. 15 auf einen schmalen Weg ein, der leicht zu übersehen ist. Zwischen zwei Mauern beginnt er als Treppengang und mündet dann in einen steinigen Pfad. In Serpentinen steigt man bergab; an den steilen Hang klammern sich Kakteen und Wolfsmilchgewächse. Hat man die Terrassenfelder erreicht, ist der anstrengendste Teil der Wanderung bewältigt (15 Min.). Auf dem weitgestreckten Plateau stößt man auf einen Fahrweg. Ihm folgt man nach links in Richtung Puerto de la Cruz.

Ziemlich eben geht es durch Bananenplantagen, und man passiert auch einige ländliche Anwesen. Die Strecke ist mit einer rotgelben Raute markiert und führt am Restaurant **San Diego** vorbei (30 Min.). Bei einem Landhaus trifft man auf die Route zur Bollullo-Bucht (45 Min., → Vorschlag 4). Nun geht es durch eine Schlucht und dann wieder entlang der Terrassenfelder. Der Ortsteil **La Paz** ist die nächste Wegetappe (1 Std. 15 Min.); von dort wandert man hinab zur Küstenpromenade (1 Std. 45 Min.).

Wer zu Fuß zum Café Vista Paraíso hinaufgehen möchte, hält sich an dieselbe Route mit den Stichworten: Playa Martiánez – La Paz/Hotel Semiramis (30 Min.) – Wanderweg zur Bollullo-Bucht bis zum Landhaus jenseits der Schlucht (1 Std.) – dann Richtung Finca El Ancón – am Restaurant San Diego vorbei (1 Std. 15 Min.) – bis zur Abzweigung „Vista Paraíso" (1 Std. 30 Min.). Nun hält man sich rechts. Ein schmaler Steig führt empor; in Serpentinen durchzieht er den Steilhang. Auf der Höhenstraße wendet man sich nach links und erreicht nach etwa 100 Metern das Café (1 Std. 45 Min.).

Das Café Vista Paraíso ist ein beliebtes Ziel für Wanderer und Ausflügler

7 Auf den Spuren der Vergangenheit
Spaziergang durch La Orotava

Die alte Stadt am Hügel, einst Mittelpunkt dieser Region, ist fast zu einem Vorort von Puerto de la Cruz geworden. Neue Ansiedlungen verwischen die Grenzen, nur die Autobahn und ein paar Bananenfelder schaffen noch eine Trennlinie. Mit dem Bus fährt man in einer Viertelstunde empor, und dann kann man durch das belebte Einkaufszentrum und durch stille Seitenstraßen bummeln. Vom Tourismus blieb La Orotava weitgehend verschont; ein typisches Bild bieten die historischen Häuser mit den schön geschnitzten Holzbalkons. Als geselliger Treffpunkt der Einwohner gilt die Plaza de la Constitución, der dekorativ gestaltete Hauptplatz des Orts.

Wegbeschreibung: Spaziergang mit einigen An- und Abstiegen.
Anfahrt: Verschiedene Buslinien verbinden La Orotava mit Puerto de la Cruz (→ Fahrplan im Anhang).
Für Autofahrer ist es schwierig, einen Parkplatz im Zentrum zu finden. An Sonntagen ist es stiller, aber dann sind viele Geschäfte und einige Museen geschlossen.
Wegverlauf: Vom **Busbahnhof** führt eine belebte Durchgangstraße in die Altstadt. Fußgänger sollten den kleinen Umweg über die **Querstraße Tejar** machen. Sie mündet beim „alten Hospital" in die parallele Calle Calvario. Entlang einer hübschen Parkanlage kommt man zur weitläufigen **Plaza de la Constitución.** Hier hat man eine wunderschöne Aussicht, und im Schatten der Bäume kann man die Atmosphäre der historischen Stadt genießen (Terrassencafé). Blickpunkte sind die **Kirche San Agustín** des einstigen Klosters und das imposante Gebäude des **Liceo de Taoro,** das jetzt einen Kulturverein beherbergt. In der Nähe des Platzes befindet sich auch das Informationsbüro von La Orotava.

Nun sollte man die **Calle Tomás Zerollo** hinabgehen. Sie ist gesäumt von repräsentativen Häusern des 17. und 18. Jahrhunderts. Sehenswert sind die **Casa Torrehermosa** (Nr. 27) und das **Museo de Artesanía Iberoamericana** (Nr. 34), das im ehemaligen Konvent von Santo Domingo beheimatet ist und mit vielen Objekten des Kunsthandwerks beeindruckt. Zu besichtigen Mo-Fr 9-18 Uhr, Sa 9-14 Uhr.

Entlang der ebenen **Querstraße Viera** gelangt man zur **Calle Colegio** und dem hübschen Platz Casañas. Dort befindet sich die stilvolle **Barockkirche Nuestra Señora de la Concepción.** Beim Weitergehen wird man an einen traditionellen Brauch der Stadt erinnert, an die Straßenteppiche zum Fronleichnamsfest. Vor dem Palais der Familie Monteverde (Nr. 7) wurde 1847 der erste Teppich ausgelegt, und im Laufe der Jahre

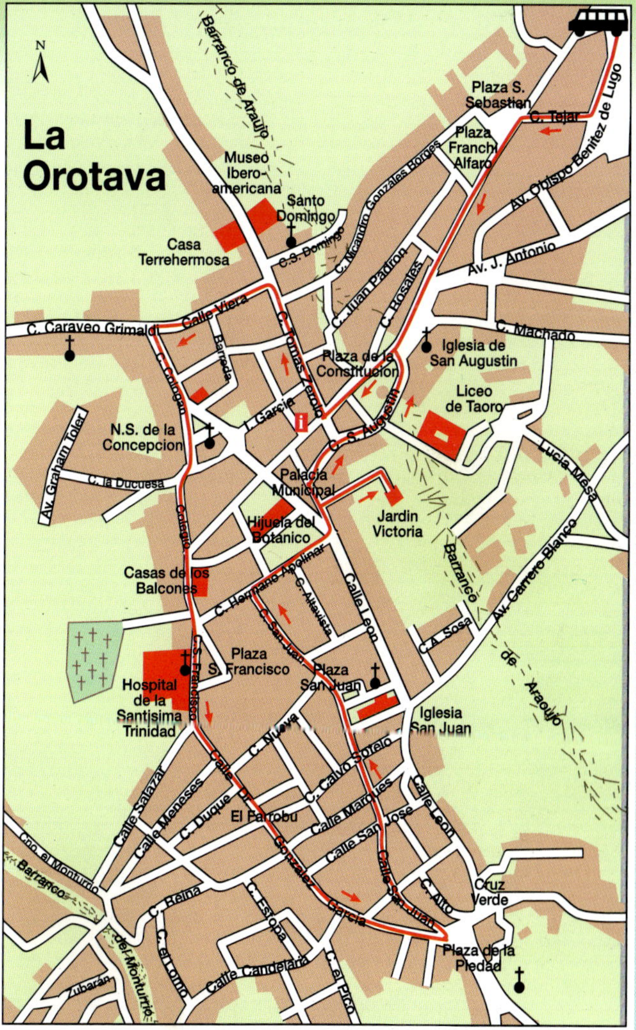

Gehzeit:
1 Stunde
(ohne Museumsbesuche)

folgten viele Familien dem berühmten Vorbild. Die „Alfombras" aus vielfarbigen Vulkansand und Blumen wurden zu einem Symbol der Stadt.

Die **Calle Colegio** mündet in die **Calle San Francisco.** Und nun entdeckt man die schönsten Häuser der Altstadt. Am bekanntesten ist das Haus der Balkone (Nr.3), das auch mit einem prächtigen Innenhof aufwartet. Ein kleiner Platz mit zwei Drachenbäumen schließt sich an. Beim **Hospital de la Santísima Trinidad** sollte man nicht veräumen, durch das offene Portal zu einer Terrasse emporzusteigen. Dort bietet sich ein herrlicher Ausblick.

Jetzt wird der Weg anstrengend, denn die **Straße Dr. Domingo González García** führt recht steil bergan. Sie durchzieht das sogenannte Mühlenviertel. Im Haus Nr. 3 wird immer noch Gofio, das Hauptnahrungsmittel der Ureinwohner, hergestellt. Weitere Mühlen entdeckt man entlang der Straße, sie wurden im 17. und 18. Jahrhundert erbaut und mit Wasser betrieben. Wer nicht bis zur Plaza La Piedad emporsteigen möchte, kann auch auf eine der ebenen Querstraßen einbiegen. Sie leiten hinüber zur **Calle San Juan,** die ins historische Zentrum zurückführt. Auf dem Weg passiert man die **Kirche San Juan** und eine hübsch gestaltete Grünanlage mit Palmen, einem Brunnen und der Büste des venezolanischen Staatschefs Romulo Betancourt (1908–1981).

Die Calle San Juan endet nahe der Hijuela del Botánico. Dieser kleine, aber sehr reizvolle **Botanische Garten** zeigt viele tropische und subtropische Pflanzen. Von hier sind es nur wenige Schritte bis zum **Museo Etnográfico del Pueblo Guanche,** das den Ureinwohnern der Insel gewidmet ist, Carrera 17, geöffnet Mo– Sa 10–19.30 Uhr.

Als Überraschung präsentiert sich dann der **Jardín Victoria.** Der einstige Herrensitz wurde zu einem weiträumigen Terrassenpark ausgebaut. Er begeistert mit kunstvollen Blumenrabatten und schönen Ausblicken. Mittelpunkt ist ein hochgelegenes Mausoleum.

Über den Platz der Constitución kehrt man dann zum Busbahnhof zurück.

Der Victoria-Park ist ein wunderschöner Abschluss des Stadtbummels

Bilder der ländlichen Umgebung

San Pedro – Rambla del Mar – Playa Socorro

8

In der Nähe von Puerto de la Cruz gibt es einen Küstenstrich, der besonders reizvoll ist. Viele typische Facetten der Insel sind hier vereint: Bäuerliches Land und ein zerklüftetes Ufer, ein abgeschiedenes Dorf und eine Siedlung von Villen, ein verlassenes Kloster und ein Gutshof inmitten von Bananenplantagen. Sehr abwechslungsreich ist auch die Route. Sie führt von der Autostraße hinab zur Steilküste, oberhalb des Meeres entlang, durch Terrassenfelder empor und dann an einem urwüchsigen Hang zurück zum Ausgangspunkt. Als interessante Ergänzung empfiehlt sich ein Abstecher zur Socorro-Bucht. Im Sommer ist sie ein beliebter Badestrand der Einheimischen. Im Winter kommen meist nur einige Individualisten. Sie sonnen sich in geschützten Winkeln, waten durch den dunklen Sand oder stürzen sich beherzt ins Wasser. Gelegentlich sieht man auch ein paar Wellenreiter, die auf ihren Surfbrettern geschickt über die Wogen balancieren.

Wegbeschreibung: Leichte Wanderung, mit An- und Abstieg von rund 100 Höhenmetern.

Anfahrt: Mit Bus 363 bis zur Haltestelle San Pedro (→ Fahrplan im Anhang). Mit dem Auto auf der Schnellstraße von Puerto de la Cruz in Richtung Icod de los Vinos (rund 8 Kilometer bis zum Restaurant San Pedro).

Gehzeit: 50 Minuten (ohne Abstecher)

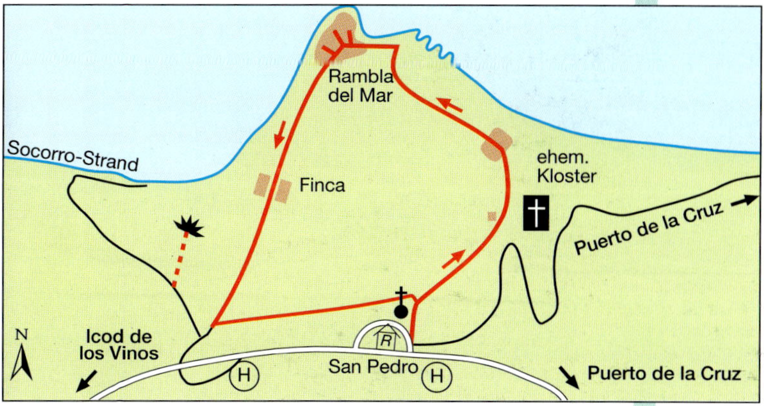

Wegverlauf: Auf der Schnellstraße nach Icod ist das **Restaurant San Pedro** nicht zu übersehen. Es liegt auf der rechten Straßenseite und kündigt sich mit großer Schrift an. Angeboten werden inseltypische Gerichte und kleine Speisen. Im Obergeschoss vermietet eine deutsche Familie hübsche Gästezimmer. Autofahrer parken ihren Wagen auf dem Parkplatz rechts der Einfahrt oder hinter dem Lokal auf einer Aussichtsplattform. Dort beginnt auch die Wanderroute. Rechts des kleinen Platzes führt sie als gepflasterter Weg hinab und passiert die renovierte **Wallfahrtskapelle San Pedro** (16. Jahrhundert).

Bei einer großen Palme gabelt sich der Weg (3 Min.). Nun folgt man der steinernen Trasse, die nach rechts ziemlich steil bergab zieht. Am Hang fallen schöne Palmen auf. Bald kommt man zu einer Mauer; sie verbirgt das erste Gehöft. Der Weg wird schmaler, hübscher. Und dann entdeckt man auf der rechten Seite ein Pforte mit der Jahreszahl 1809. Es ist der Zugang zum **Kloster San Pedro,** das schon vor Jahren aufgegeben wurde.

Rambla del Mar ist ein hübscher Villenort im ländlichen Gebiet

Ein Torbogen leitet in ein winziges Dorf hinein (10 Min.). Eine Handvoll Häuser illustriert ländliche Idylle; doch die meisten Felder werden nicht mehr bepflanzt. Entlang der Küste wandert man beschaulich voran. Mit jedem Schritt weitet sich der Blick. Bald kommt man zu einer Treppe (15 Min.). Rund 40 Stufen steigt man hinab, dann geht es wieder eben weiter. Das gezackte Ufer liegt zu Füßen; wie Halbinseln stoßen die Lavafelsen ins Meer vor.

Eine bizarre Bucht kommt in Sicht. Senkrecht wachsen die Wände hoch, sind gekrönt von dekorativen Villen. Ein Serpentinenpfad führt hinab zum Meer. Ihn benützen die Fischer, die man tief unten auf den Felsen entdeckt. Der ebene Weg mündet in Stufen und durchzieht einen kleinen, dunklen Gang. Und dann ist man schon mitten im Ort **Rambla del Mar** (20 Min.). Auch er besteht nur aus wenigen Häusern, doch hier ist jeder Komfort vorhanden. Blühende Gärten ersetzen die Felder. Ein Schwimmbad im Grünen ist Treffpunkt der Bewohner.

Im unteren Bereich des Orotavatals gibt es noch viele Bananenterrassen; eingestreut sind Bauernhöfe und Siedlungen

Die gepflegte Ansiedlung ist schnell erkundet. Nun wandert man auf einer schmalen Asphaltstraße wieder bergan. Bananenstauden und Orangenbäume säumen die Route; später geht es mitten durch ein Gehöft. Der schöne **Landsitz** war der Mittelpunkt der Landschaft; jetzt markiert er nur noch die Zufahrt zum Villenort. Nach rund 400 Metern kommt man zu einer Kurve. Wer rechts weitergeht, stößt auf die Straße zum Socorro-Strand (35 Min).

Um von hier zur Badebucht hinabzuwandern, braucht man eine Viertelstunde. Wer sich mit dem Anblick begnügt, geht nur etwa 5 Minuten bergab und biegt dann nach rechts auf einen verwachsenen Pfad ein. Er führt zu einem Wiesenplateau oberhalb der Steilküste, und von dort sieht man die gesamte Uferlinie. Nach dem Abstecher kehrt man zum Ausgangspunkt zurück und setzt die Rundwanderung fort.

Um zum Restaurant San Pedro zurückzukehren, biegt man links ab und folgt dem oberen der beiden Wege. Er ist nur zu Anfang steinig, dann wandelt er sich zu einem wunderschönen, ebenen Pfad. Er ist in den Hang eingekerbt und verläuft oberhalb der Bananenfelder. Feigenkakteen und üppiger Klee bestimmen das Bild. Bei der großen Palme schließt sich der Kreis. Man ist nun wieder unterhalb des **Restaurants San Pedro,** und der Rückweg ist nicht mehr zu verfehlen (50 Min.).

Diese kurze Wanderung im Bereich von San Pedro könnte man gut mit dem „Wasserweg" (→ Vorschlag 9) kombinieren. Er eignet sich ideal als Rückweg nach Puerto de la Cruz.

Wer mit dem Auto die **Socorro-Bucht** ansteuern will, muss vom Restaurant San Pedro noch rund 300 Meter in Richtung Icod weiterfahren und dann links (!) abbiegen (Bushaltestelle). Ein Tunnel unterquert die Schnellstraße, und dann geht es auf der asphaltierten Zufahrt rund einen Kilometer bergab. Der dunkle Strand ist vor allem im Sommer sehr beliebt (Busanfahrt von Juni bis September). Der Fußweg entlang der Bucht endet am unwirtlichen Fels.

9 Auf dem „Wasserweg“ entlang der Steilküste

San Pedro – Romantica II – Hotel Maritim

Der „Wasserweg“ (Sendero del Agua) erinnert an eine technische Meisterleistung vergangener Zeiten. Damals stürzten riesige Mengen von Wasser durch eine steile Schlucht hinab und flossen ins Meer. Um das kostbare Nass zu nutzen, baute man einen Speicher für dieses Wasser und pumpte es dann mit einer Dampfmaschine zu den hochgelegenen Feldern empor. Ein ödes Gebiet verwandelte sich in eine blühende Landschaft. Der schön angelegte Weg oberhalb der Steilküste führt an den historischen Bauten vorüber und beeindruckt mit herrlichen Ausblicken. Gleichzeitig durchwandert man ein interessantes Naturschutzgebiet, die Rambla de Castro. Die typischen Pflanzen und Tiere der Küste sollen hier ihre Heimstatt behalten. Reizvolle Impressionen bietet auch die Gegend unterhalb von San Pedro (→ Vorschlag 8).

Gehzeit: Wasserweg bis Hotel Maritim 1 Std. 30 Min., von dort zum Zentrum von Puerto de la Cruz 1 Std.

Wegbeschreibung: Leichte Wanderung mit wenigen An- und Abstiegen.

Zufahrt: → Vorschlag 8.

Wegverlauf: Der Wasserweg beginnt am Ende des kleinen Parkplatzes, der rechts der Einfahrt zum **Restaurant San Pedro** liegt. Hier ist auch der Anfang des Naturschutzgebietes Rambla de Castro. Ein Fahrweg führt in großen Kurven sacht bergab. Die erste Serpentine markiert ein geöffnetes Tor, die zweite Serpentine ist zu einem Aussichtspunkt ausgebaut, und bei der dritten Serpentine fällt ein großer Lorbeerbaum auf. Dort kann man entweder geradeaus zur vierten Serpentine weitergehen oder über Treppen zu einem hübschen Parallelpfad hinabsteigen. Nahe des ehemaligen Klosters San Pedro treffen beide Routen wieder zusammen.

Wir betreten nun ein weites Plateau. Blickt man nach links, entdeckt man eine hölzerne Begrenzung, und bald biegt ein Weg ab. Er führt zum oberen Rand der Steilküste. Hier teilt sich die Route. Links geht es zum Meer hinab, wir bleiben auf dem ebenen Pfad oberhalb des Hanges. Kurze Zeit später bietet sich ein überraschendes Bild. Ein gelbes Häuschen krönt einen ausgebauten Bergvorsprung; drei kleine Kanonen dokumentieren die historische Bedeutung. Auch der Ausblick ist grandios; zu Füßen liegen einsame Strände, die von bizarren Felsen umschlossen sind.

Nach dem Abstecher kehrt man zur Hauptroute zurück und wandert gemächlich weiter. Später teilt sich der Weg, und man geht nach rechts auf eine Felswand zu. Sie leitet hin zu einer schmalen Schlucht. Links zweigt ein Pfad zum Meer hin ab; unser Ziel ist das Brückchen, das den Abgrund überspannt. Jenseits der Schlucht beginnt ein etwas anstrengendes Stück der Tour. Jetzt muss man zu einer kleinen Bergnase emporsteigen (30 Min.).

Die Mühe lohnt sich, denn auf der Höhe beginnt ein beschaulicher Weg.

Er ist von den Feldern einer Finca begrenzt und stößt später an eine Mauer. Nun geht es links weiter, und nach der Kurve entdeckt man die Gebäude des ehemaligen Pumpwerkes. Zu einer imposanten Ruine führt ein Steig in Stufen und Serpentinen hinab. Wir bleiben aber oberhalb der Steilküste und überqueren die einst so gefährliche Schlucht auf einer Brücke.

Auf der anderen Seite erhebt sich ein mächtiger Felssockel. Er ist das Fundament der **Feriensiedlung Romantica I.** . Unterhalb der Häuser verläuft die Route; als ebene Promenade durchzieht sie ein wildromantisches Gebiet. Bald öffnet sich der Blick auf die weitläufige **Feriensiedlung Romantica II.** . Diesmal wandern wir in den Ort hinein. Unser Weg trifft auf die Querstraße Calle Rosas. Ihr folgt man nach links (1 Std.).

Oberhalb der Steilküste biegt man dann in die Calle Palmeras ein. Nun erreicht man bald das Zentrum der Feriensiedlung, die nur aus Villen, Reihenhäusern und einem kleinen Platz mit Geschäften und Kneipen zu bestehen scheint. Steigt man aber gegenüber vom Club Romantica die Treppe hinab, dann entdeckt man mehrstöckige Appartement-Gebäude, die an den senkrechten Hang angebaut sind.

Anschließend setzt man den Weg auf der Calle Palmeras und der angrenzenden Calle Amapolas fort. Einfamilienhäuser reihen sich aneinander; in den Gärten wachsen schöne Palmen, Sträucher und Blumen. Am Ende der Straße gelangt man zu einem kleinen Aussichtsplateau. Von dort führt eine kurvenreiche Trasse hinab zu dem Wanderweg, der oberhalb einer einsamen Bucht (Playa de los Roques) zu den Hochhäusern Acapulco und **Maritim** hinüberleitet (1 Std. 30 Min.).

Vom **Hotel Maritim** kann man zum Zentrum von Puerto de la Cruz weiterwandern. Man folgt der Autostraße bis **Punta Brava**, passiert den Papageienpark und steuert dann die reizvolle **Playa Jardín** an. Möglich ist auch, beim ersten Haus des Ortes nach links abzubiegen und den schönen Umweg entlang der Uferstraße von Punta Brava zu machen (→ Wandervorschlag 3).
Am Gartenstrand treffen sich beide Wege; entlang der schönen Promenade nähert man sich der **Altstadt von Puerto de la Cruz** (1 Std.).

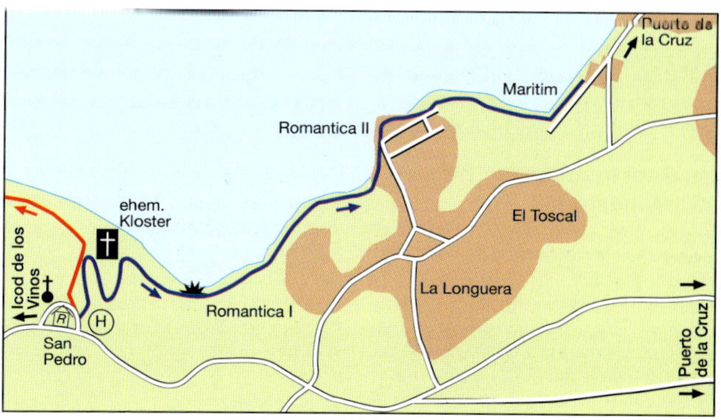

Weitere Wandermöglichkeiten im Bereich von Puerto de la Cruz

Die Umgebung von Puerto de la Cruz lässt sich leicht zu Fuß erkunden. Mit dem Bus oder Auto fährt man zu den Dörfern oberhalb des Ferienorts und macht dann Streifzüge durchs ländliche Gebiet. Hierbei bieten sich auch gute Einblicke in den Alltag der Einheimischen. Besonders reizvoll sind Routen, die quer durchs Orotavatal führen und immer auf der gleichen Höhe bleiben. Wanderwege gibt es nur in beschränkter Zahl, meist muss man sich an wenig befahrene Straßen oder Feldwege halten.

Ausflug zum Kurhotel „Tierra de Oro“

Das Hotel liegt in einer 300 m hoch gelegenen Villengegend von Los Realejos. Ein Hotelbus bringt die Gäste von Puerto de la Cruz herauf (Abfahrt: Telefon 922 341000). Als Anreiz verlocken diverse Kur- und Kosmetik-Anwendungen sowie ein Restaurant, in dem vorwiegend frische Inselprodukte verarbeitet werden.

Wanderer können das angrenzende Bauernland durchstreifen. Ein 1 1/2 stündiger Rundweg führt durch Felder mit Kartoffeln, Tomaten und Wein; die Dörfer Cartaya, Perdoma und Cruz Santa markieren die Etappen der Route. Von Cruz Santa könnte man auch auf gleicher Höhe bis zum historischen Zentrum von Los Realejos weitergehen. Lohnend ist auch ein Abstecher zum nahegelegenen Restaurant „El Monasterio“.

Zu Gast im früheren Kloster „El Monasterio“

Zum Spazierengehen und Entdecken verlockt der weitläufige Park des Restaurants „El Monasterio“. Im oberen Teil von Los Realejos hat sich ein Stück Geschichte erhalten. Das einstige Kloster wurde großzügig renoviert und bietet zahlreiche Möglichkeiten zum Essen und Verweilen. Reizvoll ist die sehr unterschiedliche Atmosphäre der einzelnen Gebäude und Terrassen. Auf schön angelegten Wegen kann man durch hübsche Gartenanlagen bummeln oder zu romantischen Aussichtspunkten emporsteigen. Anfahrt mit Bus 390 → Fahrplan im Anhang

Ortschaften im weiteren Bereich von Puerto de la Cruz

bieten schöne Wanderungen entlang der Küste. Fährt man nach Westen in Richtung Icod de los Vinos, dann könnte man den **Barranco de Ruiz** als Ausgangspunkt wählen. Ein Picknickgelände und eine Bushaltestelle signalisieren den Beginn der Route. Eine schmale Asphaltstraße führt zum Dorf **El Rosario** hinab (rund 500 Meter). Von dort geht man entlang des Fußgängerwegs Los Herederos zu einem großen und sehr typischen Dorfplatz. Nun hält man sich links und wandert auf einem schönen Höhenweg zum Nachbarort **San Juan de la Rambla.** Attraktive Zielpunkte sind ein modernes Schwimmbad mit Meerblick und das renommierte Lokal „Las Aguas“, das auf Meeresfrüchte und Reisgerichte spezialisiert ist. Es lohnt sich noch ein Stück weiter zu wandern und den Ort zu erkunden.

Die Küstenregion östlich von Puerto de la Cruz

bietet ebenfalls interessante Ausflugsziele, etwa das riesige Plateau **La Quinta,** das zu einer modernen Parkresidenz entwickelt werden soll. Bis jetzt gibt es aber dort nur einige Luxusvillen, eine kleine Anzahl von Reihenhäusern und das riesige Aparthotel „La Quinta Park“.

Leider blieb die einstige Idylle nur in Ansätzen erhalten; verschwunden sind viele Bananenfelder und grüne Oasen. Auf wenig befahrenen Straßen und Fußwegen kann man die Hochfläche durchwandern; sehr schön ist der Blick auf Puerto de la Cruz.

Der Uferbezirk von La Matanza

Der Name **Matanza** erinnert an das Gemetzel in der Schlucht von Acentejo, wo die Guanchen den eroberungslustigen Spaniern eine empfindliche Niederlage zufügten (1494). Oberhalb der Steilküste verlocken drei Restaurants zu angenehmer Einkehr. Der „Faisán de Lucas“ bietet eine Speisekarte für Feinschmecker und einen Traumblick (Dienstag geschlossen), die deutsche Fischräucherei „Casa Juan“ offeriert Spezialitäten aus dem Wasser (Sonntag und Montag geschlossen), und das bayerische Lokal „Fran“ garantiert ungezwungene Behaglichkeit (Dienstag und Mittwoch geschlossen). Im Bereich der Restaurants bieten sich Übernachtungsmöglichkeiten. Ein Geheimtip ist das rund 2 km entfernte komfortable Gästehaus „Balcon del Mar“ (Telefon 922 575215).

Zum Wandern eignet sich ein weites Plateau am Fuße der Steilküste. Auf der asphaltierten Zufahrt nach El Caletón geht man rund 2 Kilometer bergab, dann biegt in der Kurve ein Weg nach links ab. Durch Bananenplantagen und verwachsene Felder könnte man zu einem kleinen Platz oberhalb des Ufers gehen. Von dort schraubt sich ein Steig zum Meer hinunter; eine Überraschung sind die Höhlen und verfallenen Behausungen, die angelegt wurden. Auf die Hochfläche zurückgekehrt, wandert man nun um die „Halbinsel“ herum. Der Pfad ist etwas undeutlich, aber mit etwas Gespür immer wieder zu finden. Wichtig ist nur, in gewissem Abstand am hochgelegenen Ufer entlangzugehen; dekorativer Blickpunkt ist die ferne Silhouette von Puerto de la Cruz. In einem weiten Bogen kommt man schließlich zu einer kleinen Lichtung, und von dort geht es dann in gerader Linie – an einer Reihe von Tabaibabüschen entlang – zum Ausgangspunkt zurück (1 Std.).

Die Ortschaft El Sauzal

ist auch einen Abstecher wert. Nahe der Autobahn liegt das historische **Weingut „La Baranda“.** Es beherbergt jetzt ein Weinmuseum, in dem die Entwicklung des Weinanbaus sehr anschaulich dargestellt wird. Anschließend kann man in einer Probierstube kanarische Weine kosten und kaufen; zur Einkehr lädt auch ein Restaurant ein.

Im tiefergelegenen Zentrum von El Sauzal entdeckt man einen dekorativen Ortsplatz. Blickpunkt ist das Rathaus im traditionell kanarischen Stil. Nahe der Kirche San Pedro hat man eine schöne Aussicht auf das Meer. Terrassen klammern sich an den Steilhang, die einstigen Felder sind jetzt gepflegte Grünanlagen.

Lohnend ist der Weg zur Küste. Im Ortsteil Los Angeles verstecken sich schöne Villen in blumenumrankten Gärten, und es gibt auch stille Straßen zum Spazierengehen.

II Wandergebiet Orotavatal

Das Orotavatal ist eigentlich ein riesiges Plateau, das in Terrassen bis auf 1000 Meter ansteigt. Es zeigt die beiden Stufen des landwirtschaftlichen Anbaus: die Bananenkulturen am Meer und die Felder mit Wein, Kartoffeln und Gemüse eine Etage darüber. Eingetupft sind zahlreiche Ortschaften, eine Vielzahl von Einzelgehöften. Die fruchtbare Region stößt unvermittelt an ein dichtes Waldgebiet, das wie ein Schutzgürtel das Orotavatal abschließt. Bis auf 2000 Meter Höhe erstrecken sich kanarische Kiefern und Baumheide, dann beginnt die kahle Vulkanlandschaft der Cañadas. Der Forst zwischen Aguamansa und Portillo ist zu einem beliebten Wanderrevier für Einheimische und Urlauber geworden. Viele Wege wurden angelegt und markiert; die Routen passieren schöne Aussichtspunkte, romantische Schluchten und bizarre Felsformationen. An markanten Punkten stehen „Chozas", Schutzhütten, die man als überdachte Picknicktische bezeichnen könnte. Die beliebtesten Ausgangspunkte sind die Fischzuchtanlage Aguamansa und das Freizeitgelände „La Caldera". Ein Linienbus verkehrt regelmäßig von Puerto de la Cruz (→ Fahrplan im Anhang); die Fahrzeit beträgt knapp 1 Stunde.

In Aguamansa sollte man unbedingt die „Piscifactoría" anschauen, die vom Landwirtschaftsministerium zu Forschungszwecken angelegt wurde. Zahllose Forellen schwimmen in langen, betonierten Becken, die so kunstfertig einander zugeordnet sind, dass eine Art Wasserfall aus mehreren Röhren die gesamte Anlage speist. Interessant ist es, den Werdegang vom daumenlangen Fischlein bis hin zur ausgewachsenen Forelle zu verfolgen. Zur Piscifactoría gehört auch ein Gehege mit Fasanen, Enten und anderen Wasservögeln sowie eine Farm, in der Rebhühner gezüchtet werden. Ein kleiner Spaziergang führt ins angrenzende Wäldchen (Bosquete). Dort befinden sich 4 große Volieren, in denen seltene einheimische Greifvögel wie Adler, Falken und Bussarde zu sehen sind. Die Fischzuchtanlage ist von 10–15 Uhr geöffnet.

Wenn Weihnachten naht, beginnt der Verkauf der Forellen; und es dauert einige Wochen, bis das Kontingent erschöpft ist. In die-

ser Zeit können auch Ausflügler eine Mahlzeit aus dem Wasser erwerben oder typisch zubereitete Forellen im nahen Restaurant Aguamansa und im höhergelegenen Ausflugslokal „La Caldera“ essen.

Von der Fischzuchtanlage kann man mit dem Bus 345 in 5 Minuten zum Picknickgelände La Caldera emporfahren (→ Fahrplan im Anhang). Wanderer benötigen eine halbe Gehstunde. Sie gehen entweder auf der Autostraße oder auf einem Fußweg, der rechts der Straße im Wald verläuft, bis zur Abzweigung La Caldera. Auf der asphaltierten Zufahrt bleibt man nur rund 100 Meter, dann biegt rechts ein Fußweg ab, der ziemlich steil bergan führt und in den Parkplatz beim Freizeit-Krater einmündet. Hübscher ist der Weg, der gegenüber dem Eingang zur Forellenfarm beginnt und durch den Wald emporführt. Später stößt er auf eine Forststraße; ihr folgt man nach rechts bis zum Picknickgelände La Caldera.

In Höhen zwischen 1000 und 1500 Metern kann es oft geschehen, dass man in Nebel oder Regenwolken gerät. Dann sollte man versuchen, per Taxi oder Autostopp hinauf in die Cañadas zu fahren, wo meist die Sonne scheint. Ist das Wetter auch in Portillo noch schlecht, lohnt es sich, das interessante Besucherzentrum (Centro de Visitantes) des Teide-Nationalparks zu besichtigen. Es informiert mit zahlreichen Abbildungen, Modellen und einer Tonbildschau über die Landschaft und Tierwelt der Kanarischen Inseln.

Die Forellenfarm in Aguamansa lädt zu einem anregenden Besuch ein

10 Im Wald von Aguamansa

La Caldera – Chimoche – Pedro Gil – Aguamansa

Diese Wanderung durch den Wald beginnt in La Caldera. Der Krater ist zu einem riesigen Freizeitgelände ausgestaltet, und an sonnigen Wochenenden kommen viele Einheimische, um unter freiem Himmel ein umfangreiches Mahl zuzubereiten. Mehrere Grillöfen umrahmen einen Spielplatz für Kinder; Tische und Bänke sind erhöht am Kreisrand aufgestellt. Die Touristen bevorzugen ein bescheidenes kleines Lokal im Forsthaus-Stil. Es liegt an der Straße, die den Krater umrundet, und hat eine hübsche Sonnenterrasse. Idyllischer ist natürlich ein Picknick in der Choza Chimoche. Diese „Schutzhütte" ist das Ziel der Tour und ein nettes Fleckchen zum Verweilen. Die Route ist sehr abwechslungsreich und hat alle Vorzüge eines Waldwegs: Schattige Wegstrecken und überraschende Ausblicke, liebliche Lichtungen und dekorative Felspartien, schöne Rastplätze in üppig-grüner Vegetation. Die Wanderung endet bei der Fischzuchtanlage Aguamansa.

Gehzeit:
2 Stunden

Wegbeschreibung: Leichte Wanderung zwischen 1050 und 1450 Höhenmetern.

Zufahrt: Mit Bus 345 von Puerto de la Cruz (über La Orotava), nach La Caldera, Fahrzeit knapp 1 Stunde, → Fahrplan im Anhang.

Rückfahrt ab Aguamansa, ebenfalls mit Bus 345, → Fahrplan im Anhang.

Wegverlauf: Wenn die Wanderer in **La Caldera** aussteigen, sollten sie zuerst das Freizeitgelände im Krater anschauen. Danach kehrt man zur Haltestelle zurück und geht bis zum Ende des Parkplatzes. Das kleine Lokal liegt sozusagen im Rücken. Auf der Einbahnstraße, die den Krater umrundet, wandert man rund 100 Meter voran. Dann biegen – kurz hintereinander – zwei Forstwege nach rechts ab. Der zweite Weg ist mit dem Schild „Chimoche" (Pasada Las Bestias) bezeichnet und führt sacht ansteigend in den Wald hinein. Bald wird die Strecke wieder ebener; Kiefern und Baumheide säumen die Route. Später kommt man an Wasserleitungen vorüber, passiert einige kleine Schluchten. In Kehren geht es langsam hoch. Die Landschaft bekommt nun ein fast mitteleuropäisches Gepräge, erinnert manchmal an die Alpen.

Wenn sich der Forstweg zu einem kleinen Platz verbreitert (Steinsäule Pasada de las Bestias, 30 Min.), muss man aufpassen. Jetzt geht es rechts nach Chimoche hoch, während die Route „Pedro Gil", die wir später als Rückweg nehmen, geradeaus verläuft. Gemächlich geht es bergan; vom Hang aus ergeben sich schöne Ausblicke. Ein graues Gebäude kommt in Sicht (40 Min.). Es gehört zur **Galería Chimoche,** einem Wasserstollen, der sich dahinter befindet. Vier Kilometer tief ist er in den Berg gebohrt; ein vergittertes Tor sperrt den Zugang. Nur wenige Passanten wissen, wie wichtig diese unterirdi-

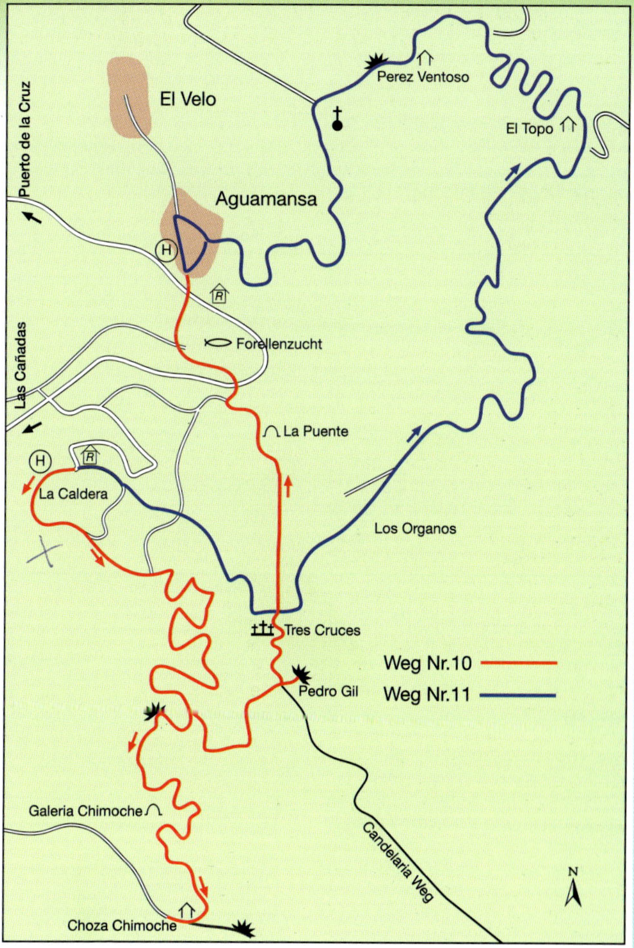

schen Depots für Teneriffa sind. Da es kaum Bäche und keine Flüsse gibt, muss ein Großteil des benötigten Wassers aus dem Berginnern kommen. Dorthin sickern die Nebeltropfen der Passatwolke, werden aufgefangen von undurchlässigen Gesteinsschichten, den sogenannten Diques, und bilden natürliche Wassertanks, die dann angezapft werden.

Chimoche heißt auch die Schutzhütte, die noch ein Stück höher liegt. Ein breiter Forstweg leitet empor, in großen Kurven gewinnt man Höhe. Bald öffnet sich eine besonders schöne Aussicht. Der Forst wird lichter, lieblicher. Ein Wiesenplateau rückt in den Blick (1 Std.). Mittelpunkt ist die **Choza Chimoche** (1450 m), ein ideales Plätzchen zum Rasten und Picknicken. Sehr empfehlenswert ist es, ein kleines Stück aus der Lichtung hinauszuwandern und die ersten Abschnitte des wildromantischen Höhenpfades kennenzulernen (→ Vorschlag 14).

Zurück kehrt man auf derselben Route oder man wählt eine Abkürzung, die vor der ersten scharfen Linkskurve beginnt. Der schmale Pfad ist zu Anfang von Steinen eingefasst und führt relativ steil bergab. Er mündet wie die sacht abfallende Forststraße in die Waldlichtung mit der Steinsäule „Pasada de las Bestias“ (1 Std. 20 Min.). Nun wendet man sich nach rechts und wandert in Richtung Pedro Gil. Der angenehme Weg ist in den Hang eingebettet und fällt sanft ab. Ein kleiner Platz, begrenzt von einer niedrigen Felswand, entpuppt sich als **Pedro Gil** (Steinsäule Lomo de los Brezos, 1 Std. 30 Min.). Wer geradeaus noch ein Stück weitergeht, kann eine schöne Aussicht genießen.

Von Pedro Gil biegen zwei Pfade ab. Bergauf führt ein alter Wallfahrtsweg nach Candelaria; wir folgen dem Steig bergab, den die Steinsäule ankündigt. In Serpentinen geht es durch ein Eukalyptuswäldchen. Man passiert einen kleinen Marienschrein und später auch eine Gedenkstätte mit 3 Kreuzen (Las Crucitas). Bei einer Picknickhütte trifft man wieder auf eine Forststraße (1 Std. 40 Min.). Sie führt nach links zum Ausgangspunkt La Caldera, nach rechts zu den Organos und zum Picknickplatz El Topo.

Wer von hier nach **Aguamansa** gehen möchte, folgt ein Stück der Forststraße zur Caldera und biegt dann auf einen Pfad ein, der in Kehren durch den Wald zur **Forellenzucht** hinabführt (2 Std.). Ein Rundgang durch die Anlage ist sehr empfehlenswert (Beschreibung → Seite 64). Das **Restaurant Aguamansa** liegt etwas unterhalb des Geländes, nahe der Bushaltestelle und am Rande des gleichnamigen Dorfes. Die Spezialität sind Kaninchenbraten, Schweinekotelett – und natürlich Forellen, die allerdings nicht immer zu bekommen sind. Weitere Lokale gibt es entlang der Autostraße in Richtung Puerto de la Cruz. Die nächstgelegenen Restaurants sind 5-10 Gehminuten entfernt.

Die Tour nach Chimoche lässt sich beliebig erweitern. So kann man von der Choza Chimoche aus einen wildromantischen Höhenpfad erkunden (→ Vorschlag 14); man kann die Tour mit einer Wanderung entlang der Organos koppeln (→ Vorschlag 11) oder man kann nach der Rast in Aguamansa noch durchs Orotavatal hinabgehen (→ Vorschlag 13). Sehr reizvoll ist es auch, noch ein Stück entlang der „Promenade am Berg“ zu wandern und die schönen Ausblicke ins Orotavatal zu genießen (→ Vorschlag 12).

Von der Choza Chimoche führt ein schöner, wenn auch anstrengender Wanderweg zur Montaña del Limon (rund 2100 m) und zur Höhenstraße zwischen Portillo und dem Esperanza-Wald, wo sich die charakteristischen weißen Türme von Izaña (Teide-Observatorium) befinden. Für den Aufstieg muss man 2-3 Gehstunden rechnen.

Zu den steinernen Orgelpfeifen

La Caldera – Los Organos – El Topo – Aguamansa

11

Dieser reizvolle Rundkurs zeigt eine andere Facette des Orotavatals. Nun wendet man sich der östlichen Seite zu, wo die Hänge schroff ansteigen und bizarre Felsen den Wald überragen. Eine Sehenswürdigkeit ist die Gesteinswand „Los Organos", die an ein Orgelgehäuse erinnert. Die Route beschreibt einen weiten Bogen am Hang, und immer wieder ergeben sich schöne Ausblicke. Sonnenbeschienene Strecken und schattige Passagen wechseln einander ab, und am Weg gibt es auch hübsche Plätzchen zum Rasten. Durch einen dichten Wald gelangt man hinab ins Bauernland. Über Felder und Wiesen wandert man dann nach Aguamansa.

Wegbeschreibung: Leichte Wanderung zwischen 1250 und 1050 Höhenmetern. Einige An- und Abstiege.

Zufahrt: Wie bei Vorschlag 10.

Wegverlauf: Die Busendstation **La Caldera** liegt am Rande eines großen Kraters, der als Picknickgelände ausgestaltet ist. Eine Einbahnstraße umrundet das Areal. Wandert man in Gegenrichtung, kommt man rasch zu einem kleinen Gasthaus mit Sonnenterrasse. Etwa 100 Meter weiter biegt von der Straße ein Forstweg (Pista Monte del Pino) halblinks ab. **Los Organos** heißt das erste Ziel. Nach einigen Minuten sind die „Orgelpfeifen" schon zu sehen, riesige Felssäulen, die senkrecht aus dem Lavagestein herausragen.

Gehzeit:
2 Stunden

Oberhalb des Forstwegs entdeckt man dieses massive Steinhaus

Eine Brücke überspannt die tiefe Schlucht, die sich plötzlich auftut. Nun wandert man geradewegs auf die Felssäulen zu. Eine Abzweigung nach Pedro Gil und Chimoche kündigt sich an (10 Min.); wir folgen aber den weitgeschwungenen Windungen in Richtung El Topo. Bald ist man am Fuß der Orgelpfeifen und oberhalb eines ländlichen Taleinschnitts (15 Min.). Später wird der Blick immer umfassender. In reizvollen Ausschnitten ist das Orotavatal zu sehen. Mächtige alte Kiefern säumen den Weg. Wie graue Bärte hängen Schmarotzerpflanzen an den Zweigen. Solange sie sich dort wohlfühlen, sind die Bäume gesund, heißt es im Volksmund.

Kleine Schluchten werden umgangen, und dann entdeckt man oberhalb des Forstwegs ein massives Steinhaus (30 Min.). Jetzt kündigt sich ein tieferer Graben an, doch eine Brücke verbindet beide Seiten. Die Route verläuft nun leicht bergan. Aus dem Schatten tritt man in die Sonne; ein Ausblick auf den Teide öffnet sich. Die Forststraße ist angenehm zu begehen und führt problemlos zur **Schutzhütte El Topo** (1 Std.). Hier könnte man eine kleine Rast einlegen, bevor man ins Tal absteigt. Rechts des Picknickplatzes beginnt der markierte Weg. Entlang des Hanges und dann in Serpentinen geht es durch den Wald bergab. Wenn sich die Route teilt (1 Std. 10 Min.), muss man geradeaus weiterwandern. In Serpentinen setzt sich die Route fort. Eine Forststraße wird überquert (1 Std. 20 Min.) und dann folgt man dem Weg, der halblinks hinabführt. Wenn er sich gabelt, wählt man die breitere Trasse ins Tal. Das letzte Stück ist etwas steiler, aber bald kommt man am Waldsaum an. Dort steht die **Schutzhütte Perez Ventoso** (1 Std. 30 Min.).

Bei der Schutzhütte beginnt eine schmale asphaltierte Straße. Sie führt durch ein ländliches Gebiet und folgt auch ein Stück der ummauerten Wasserleitung. Nach kurzer Zeit gelangt man zu einem kleinen Schrein. Dort teilt sich die Straße. Rechts geht es nach Pinoleris und Florida; wir halten uns links und wandern – an einigen Gehöften vorbei – bis zur nächsten Weggabelung (1 Std. 45 Min.). Jetzt biegt man nach rechts ab und steuert das Dorf Aguamansa an, nicht direkt, wie man vermuten könnte, sondern im Bogen durch zwei kleine Schluchten. An Bauernhäusern vorbei wandert man bis zur Dorfstraße (2 Std.). Nun geht es durch den Ort ziemlich steil bergan, bis man auf die Autoroute nach **Aguamansa** trifft. Dort befindet sich die Bushaltestelle; Gasthaus und Forellenzuchtanlage sind in der Nähe.

Von der Schutzhütte El Topo kann man auch auf einer kürzeren Route nach Aquamansa wandern. Dann folgt man ebenfalls dem Weg, der rechts des Rastplatzes beginnt. Wenn sich aber nach 10 Minuten die Route teilt, folgt man dem Höhenweg nach links. Er führt eben oder leicht abfallend durch ein schönes Waldgebiet. Später trifft er auf einen Forstweg, der von oben herabzieht. Bergab geht man nun auf das Dorf Aquamansa zu.

Auch für diese Tour bieten sich Varianten an. So kann man von der Schutzhütte Perez Ventoso durch das Orotavatal hinabwandern (→Vorschlag 13). Weitwanderer könnten ihre Tour fortsetzen. Sie steigen dann bei der Schutzhütte El Topo (1 Std.) nicht ins Tal ab, sondern wandern in vielen Kehren hinauf zur Schutzhütte Almadi (1450 m, 3 Std.) und dann über das Dorf Pino Alto nach Santa Ursula (6 Std.).

Promenade am Berg

Aguamansa – Antonio Lugo – Cruz de Luis – Chanajiga **12**

Die Wege im Waldgebiet von Aguamansa sind deshalb so beliebt, weil sie meist beschaulich durch den Forst führen und sich zum geselligen Promenieren eignen. Ein Paradebeispiel für solch eine Strecke ist die Route, die von der Forellenzuchtanlage Aguamansa in Richtung Westen verläuft. Oberhalb des Orotavatals zieht der Weg am Waldsaum entlang und bietet viele schöne Ausblicke. Wie ein Naturpark wirkt dieses Gebiet; idyllische Picknickplätze laden zum längeren Verweilen ein. Die meisten Ausflügler begnügen sich mit Teilstrecken und gehen auf demselben Weg wieder zurück. Interessant sind auch Rundwege durch den Forst oder Abstiege ins Tal. Weitwanderer könnten auf einem leicht abfallenden Höhenweg bis zum äußersten Westen des Orotavatals gehen und den Aussichtspunkt „La Corona" (Krone) ansteuern.

Wegbeschreibung: Sehr leichte Wanderung auf Höhenweg zwischen 1050 und 1200 Höhenmetern. Wer nicht an den Ausgangspunkt zurückkehren muss, kann über Corral Quemado und La Corona nach Icod el Alto absteigen. Sehr reizvolle, wenn auch etwas anstrengende Wegstrecke.

Zufahrt: Mit Bus 345 von Puerto de la Cruz (über La Orotava), nach Aguamansa, Fahrzeit 50 Minuten, → Fahrplan im Anhang.

Rückfahrt ab Aguamansa mit Bus 345 nach Puerto de la Cruz → Fahrplan im Anhang.

Gehzeit:
2 Std. 30 Min. (ohne Rückweg) Von Chanajiga nach Icod el Alto 2 Std. 30 Min.

Wegverlauf: Die Wanderung beginnt gegenüber dem **Restaurant Aguamansa**. Am Zaun der Forellenzucht führt eine asphaltierte Zufahrt bergan, und nach etwa 50 Metern geht es rechts weiter. Vor dem Tor einer Versuchsfarm biegt ein Pfad links ab (Richtung Caldera). Er teilt sich bald, und dann wandert man nach rechts auf einem ziemlich ebenen Pfad durch ein hübsches Wäldchen. Nach einer Weile kommt man nahe an die Cañadas-Straße heran (15 Min.), und man entdeckt die Zufahrt zum Picknickgelände La Caldera. Zur Caldera geht es nach links ab, wir folgen dem Forstweg, der geradeaus verläuft. Nach etwa 50 Metern vereinigt er sich mit einem zweiten Forstweg, der von rechts unten heraufkommt. Auf dieser schönen, breiten Promenade wandert man nun zur Schutzhütte Antonio Lugo.

Die Route bleibt meist auf gleicher Höhe, gelegentlich geht es sanft bergan. Baumheide und dichte Sträucher säumen den Weg; immer wieder öffnet sich ein Blick auf den Teide. Bei einer Weggabelung (30 Min.) kann man nach rechts zur **Galería La Fortuita** gehen. Dieser Wasserstollen befindet sich etwas unterhalb des Weges und dringt tief in den Berg ein. Er liefert Wasser an die Hauptstadt Santa Cruz. Nach dem kurzen Abstecher kehrt man zum Höhenweg zurück und wandert beschaulich weiter. Später quert man eine kleine Schlucht (1 Std.) und kurze Zeit danach erblickt man einen zweiten Wasserspeicher, die **Galería Pino Soler.** In den Fels geschlagen ist der tiefe Schacht, und durch das vergitterte Tor kann man das Wasser sehen, das aus dem Berginnern herausgeleitet wird. Jetzt dauert es nicht mehr lan-

Die Choza Antonio Lugo ist ein idyllisches Plätzchen für eine Rast

ge, bis man auf einem vorgelagerten Plateau die **Choza Antonio Lugo** entdeckt. Den kurzen Abstecher lohnt ein herrlicher Weitblick. Außerdem kann man hier eine beschauliche Rast einlegen (1 Std. 15 Min.).

Natürlich kann man sich mit diesem Teilstück der Route begnügen und auf demselben Weg zurückkehren. Oder man kann in einer halben Stunde zum Örtchen Benijos hinabwandern und dort den Bus 347 nach La Orotava nehmen (→ Fahrplan im Anhang). Es ist aber sehr empfehlenswert, die Wanderung fortzusetzen, denn der Weg wird immer reizvoller, je weiter man vorankommt.

Noch immer verläuft er recht eben am Waldrand entlang; allerdings gibt es jetzt einige Kurven und leichte An- und Abstiege. Einige Querwege kreuzen die Piste, doch sie sollten uns nicht von der ziemlich geradlinigen Route abbringen. Wir folgen den Hinweisschildern Lomo Alto und später Los Realejos; gelbe Rauten dienen als Orientierung. Hat man die Weggabelung **Lomo Alto** erreicht (2 Std.), dann hält man sich rechts und durchwandert ein schönes Waldgebiet. Später lockert sich der Forst auf, herrliche Ausblicke kündigen sich an. Nun ist es nicht mehr weit bis zum **Rastplatz Cruz de Luis** (2 Std. 20 Min.).

Jetzt betritt man ein ländliches Gebiet. Oberhalb der Felder verläuft die Route. Unser Ziel ist das **Freizeitgelände Chanajiga,** das in einen Park eingebettet ist (2 Std. 30 Min.). An sonnigen Wochenenden finden sich viele Einheimische ein, um zu grillen und zu picknicken. Allerdings kommen sie meist mit dem Auto über die asphaltierte Zufahrt, die von Los Realejos und Las Llanadas heraufführt.

Von Chanajiga gibt es verschiedene Möglichkeiten, die Wanderung abzuschließen. Am einfachsten ist es, auf demselben Weg nach Aguamansa zurückzukehren (2 Std. 30 Min.). Langeweile kommt nicht auf, denn die Route wirkt in der entgegengesetzten Blickrichtung wieder völlig anders. Anstrengender ist es, nach Palo Blanco (650 m) oder Los Realejos (500 m) hinabzugehen (45 Min. bis 1 Std.). Von dort fahren Busse nach La Orotava bzw. Puerto de la Cruz (→ Fahrplan im Anhang).

Chanajiga – La Corona – Icod el Alto

Eine wunderschöne Wegstrecke verlockt zum Weiterwandern. Man folgt der Forststraße, die das Picknickgelände durchquert und passiert einen Kinderspielplatz. Dort beginnt eine Promenade, wie sie abwechslungsreicher kaum sein könnte. Fast eben oder sacht bergab wandert man entlang des steilen Hanges, der das Orotavatal im Westen begrenzt. Die üppige Flora und bizarre Felstürmchen begeistern ebenso wie die großartigen Ausblicke auf den weitgeschwungenen Talboden und die Hochhauskulisse am Meer. Nach rund 45 Minuten kommt man zur Wegkreuzung Corral Quemado. Hier trifft man auf die Route, die von Portillo und den Cañadas herabführt.

Nun kann man auf einem steilen Pfad oder einem bequemen Fahrweg den Aussichtspunkt **La Corona** ansteuern. Buchstäblich wie eine Krone sitzt der kleine Pavillon auf dem Felsvorsprung; er ist nicht nur ein weithin sichtbarer „Mirador", sondern auch ein Heiligenschrein und Wallfahrtsplatz. Von La Corona wandert man entlang eines sanft abfallenden Hangs zur Ortschaft **Icod el Alto** hinab. Sie liegt rund 550 Meter hoch an der Autostraße La Guancha – Los Realejos (30-40 Min.). Von dort kann man dann mit Bus 354 nach Puerto de la Cruz zurückfahren (stündliche Verbindung).

Wer mit dem Auto nach **Chanajiga** anfährt, könnte von dort eine schöne Rundwanderung unternehmen. Man geht vom Freizeitgelände bis zur Weggabelung **Corral Quemado** (45 Min.), folgt dann der Route, die bergan zu einer höhergelegenen Forststraße führt. Auf dieser Parallelroute kehrt man dann wieder in den Bereich von **Chanajiga** zurück (2 Std.).

La Corona (Krone) ist der treffende Name für diesen Aussichtspunkt

Mitten durchs Orotavatal

Aguamansa – Pinoleris – La Florida – Mirador Humboldt **13**

Diese Route durchzieht das Orotavatal fast in seiner ganzen Länge. In zahlreichen Kurven und auf steileren, geraden Wegstrecken steuert der Wanderer die Höhenstraße zwischen La Orotava und Santa Ursula an. Er durchstreift die unzähligen Terrassen, auf denen Kartoffeln, Gemüse und Wein angebaut werden, passiert viele Gehöfte und ländliche Ansiedlungen und stößt dann auf einen Aussichtsweg, der oberhalb der Bananenfelder nach Osten vordringt. In Blickrichtung liegt Pino Alto, ein langgestrecktes Dorf auf dem Bergrücken. Auf halbem Weg wendet man sich dem Tal zu und wandert durch ein Villenviertel zur Autostraße hinab.

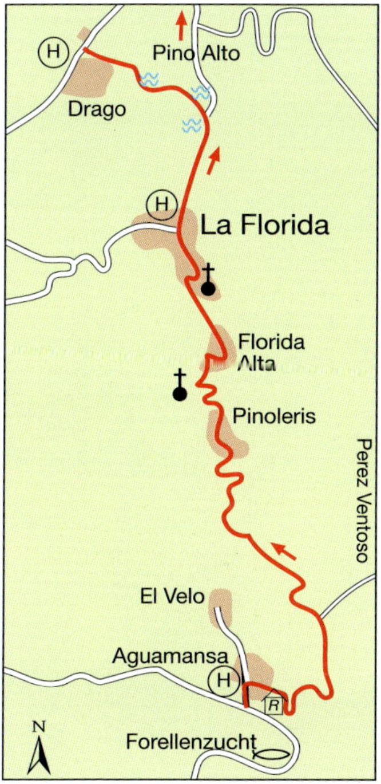

Gehzeit: 2 Stunden

Wegbeschreibung: Leichte Wanderung, aber im Mittelteil etwas anstrengend durch steil abfallende Asphaltstraßen. Abstieg von rund 700 Metern.

Zufahrt: Mit Bus 345 von Puerto de la Cruz (über La Orotava) nach Aguamansa, → Fahrplan im Anhang, Fahrzeit 50 Minuten.

Rückfahrt mit Bus 101 (über La Orotava) nach Puerto de la Cruz, jede halbe Stunde.

Wegverlauf: Bevor man diese Wanderung beginnt, könnte man die sehenswerte Forellenzuchtanlage Aguamansa besichtigen (10 15 Uhr). Anschließend geht man auf der Autostraße ein Stück bergab, am Restaurant Aguamansa vorbei bis zur nahen Bushaltestelle. Von dort zweigt ein breiter, asphaltierter Weg nach unten ab, er ist die Zufahrt zum **Dorf Aguamansa.** Im Zentrum (10 Min.) ist es wichtig, dass man nach dem Haus Nr. 91 die schmale Asphaltstraße (Camino de Mamio) nicht übersieht, die in spitzem Winkel rechts einschwenkt und sich dem Waldhang zuwendet. Viele Steine sind zu Mauern aufgeschichtet, verraten, wie mühselig es hier ist, den Acker zu bestellen. Oft geschieht das noch mit Pflug und Pferd.

Zwei kleine Schluchten werden im Bogen durchschritten, dann verlässt man das Vorfeld der Berge und wandert ins Bauernland hinein. Wenn man auf einen Querweg stößt (20 Min.), dann geht man – an einigen Gehöften vorbei – schnurgerade bergab in Richtung Pinoleris. Auf der Strecke passiert man eine Abzweigung, die den Beginn der Wanderroute Perez Ventoso und El Topo ankündigt (25 Min.). Bald gelangt man zu einer Weggabelung; dort nimmt man die linke Trasse. Ihr folgt man etwa 300 Meter, dann biegt man nach einem Haus rechts auf eine schmale asphaltierte Straße ein. Sie verläuft vorerst auf den Bergrücken zu, teilt sich aber später (40 Min.). Nun geht es wieder steil hinab in Richtung Küste.

Durch Felder und Gärten, an den einzelstehenden Gehöften von **Pinoleris** vorbei, kommt man zu einer breiten, geraniengesäumten Straße (1 Std.). Jetzt ist man bereits im dichter besiedelten Gebiet; und man wandert nach links auf eine kleine Kirche zu. Der hochgelegene Ortsteil von La Florida (Florida Alta) ist erreicht. Nun geht es rechts weiter bergab. Weinfelder und schöne Villen rahmen den Weg ins Tal; später (1 Std. 20 Min.) wandert man ein Stück in Richtung Berge und dann wieder im Bogen bergab. Kirche und Schule kündigen das Zentrum von **La Florida** an. Am unteren Ortsrand stößt man auf eine Straße, die von links heraufführt (1 Std. 30 Min.). Dort fährt stündlich,

Im Ortsteil El Durazno liegt der historische Landsitz „Casa Grande“

jeweils 15 Minuten vor der vollen Stunde, ein Bus nach La Orotava ab.

Rechterhand beginnt ein besonders hübscher Höhenweg. Er verläuft vorerst fast eben am Hang entlang und zeigt das Orotavatal in seiner ganzen Schönheit. Bevor der Weg leicht ansteigt, biegt links die Trasse La Resbala ab. Sie verläuft entlang einer Mauerbegrenzung und führt stetig bergab. Bald verengt sich der Weg, geht unter einer Wasserleitung hindurch. Taucht rechts ein viereckiger Wasserbehälter auf, schwenkt man auf einen Weg ein, der beim angrenzenden runden Behälter dann links bergab weitergeht, wieder unter einer Wasserleitung hindurch. Die ländliche Route scheint in eine Villenstraße zu münden. Wir halten uns aber vorerst rechts, umgehen die Ansiedlung **Drago** und betreten die nächste Straße, die durch das Villenviertel **Humboldtgarten** zu einer Bushaltestelle hinabführt (Bus 101 nach La Orotava und Puerto de la Cruz).

Sehr lohnend ist es, noch ein Stück in Richtung Santa Ursula weiterzugehen. Man passiert zwei wunderschöne Aussichtspunkte **(Mirador del Pinito** und **Mirador de Humboldt)** und kommt dann zum Ortsteil Cuesta de la Villa. Von dort ist es nicht mehr weit bis zum **Café Vista Paraíso** (30 Minuten, → Vorschlag 6).

Wer direkt nach Puerto de la Cruz hinabwandern möchte, überquert die Autostraße und folgt der Calle Noruega. Sie mündet nach kurzer Zeit in die Calle Europa. Nun geht es geradeaus weiter bergab, an hübschen Villen und Gärten vorüber. Wenn man auf die belebte Durchgangsstraße trifft (10 Min.), dann folgt man ihr nach links in Richtung Orotava. Man passiert eine Kirche und wandert in einer Serpentine auf die Autobahn zu. Durch einen Tunnel gelangt man zu einer Straßenkreuzung. Nach rechts geht es zum Ortsteil El Rincón (Restaurant San Diego), zur Bollullo-Bucht und nach La Paz (→ Vorschlag 5).

Wir biegen nach dem Tunnel links ab, bleiben ein kurzes Stück auf der Zufahrt nach Puerto de la Cruz und folgen dann rechts einer kleinen Asphaltstraße. Sie zieht als schmaler Fahrweg durch Bananenplantagen, kommt an einer Reihe kleiner Häuser vorbei und stößt dann auf die Autostraße. Auf der gegenüberliegenden Seite entdeckt man die **Musterfarm „El Guanche".** Dort kann man sehr viel Wissenswertes über den Bananenanbau erfahren und auch andere exotische Bäume und Pflanzen kennenlernen (30 Min.). Nach der Besichtigung könnte man den Gratisbus nach Puerto de la Cruz nehmen.

Wer zu Fuß weitergeht, folgt nur ein kurzes Stück der Straße in Richtung Puerto de la Cruz und schwenkt dann bei einem weißen Haus mit grünen Türen wieder rechts in die Plantagen ein. Der Fahrweg zum Golfplatz scheint geradewegs zum Meer zu führen, aber wir folgen der nächsten Abzweigung nach links (Camino El Lazo) und nähern uns ein zweites Mal der Autostraße. Die Wanderstrecke quert nun die Fahrbahn und setzt sich auf der anderen Seite fort **(Ortsteil El Durazno).** Der asphaltierte Weg führt ein wenig bergan und verläuft dann eben weiter. Bei einem schönen alten Landsitz (Casa Grande) zweigt man rechts ab und wandert talwärts auf die Ortsteile **El Botánico** und **La Paz** zu (50 Min.). Von dort kann man dann in mehreren Varianten zur Küstenpromenade gelangen (1 Stunde und 20 Min.).

Diese Route ist auf Skizze (Seite 47) eingezeichnet.

14 Ein wildromantischer Höhenpfad

Choza Bermeja – Chimoche – El Topo – La Caldera

Der schönste Höhenweg im Waldgebiet von Aguamansa verläuft oberhalb der sogenannten Organos (Orgelpfeifen). Als schmaler Pfad durchzieht er eine Felswand, die mit üppiger Vegetation aufwartet. Die Route umschließt viele Schluchten, und gelegentlich kommt man zu wildromantischen Stellen. Nicht immer bleibt man auf gleicher Höhe, oft geht es bergab und bergan. Dennoch ist keine Kraxelei zu befürchten, der Steig ist sorgfältig angelegt und gut befestigt. Geübte Wanderer können ihn unbesorgt begehen, wichtig ist allerdings eine gewisse Bergerfahrung. Fotografen schätzen die wunderschönen Ausblicke auf den Teide und ins Orotavatal.

Gehzeit: 4 1/2–5 Stunden

Wegbeschreibung: Mittelschwere Wanderung. Als Höhenweg nicht anstrengend, aber der schmale Pfad am Steilhang erfordert Trittsicherheit. Einige Abstiege und Anstiege zwischen 1500 und 1000 Höhenmetern.

Zufahrt: Mit Bus 348 in die Cañadas um 9.15 Uhr ab Puerto de la Cruz (über La Orotova) bis zur Choza Bermeja auf 1330 m Höhe. Dort hält der Bus allerdings nur, wenn man dem Fahrer vorher Bescheid sagt. Fahrzeit 1 Stunde 10 Minuten.

Rückfahrt ab La Caldera oder Aguamansa mit Bus 345, → Fahrplan im Anhang.

Wegverlauf: Von der **Schutzhütte Bermeja** geht man etwa 200 Meter auf der Straße in Richtung der Cañadas. Dann biegt links die Pista Chi-

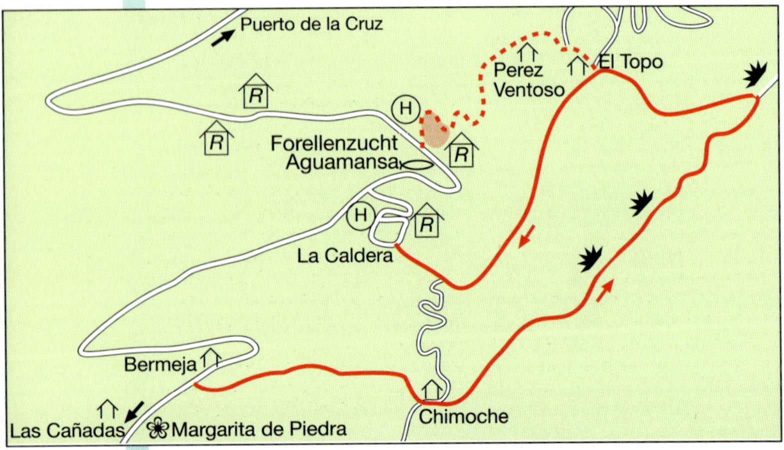

moche ab (3 Min.). Auf dem Forstweg wandert man beschaulich empor. Der Weg führt durch ein hübsches Waldgebiet und leitet geradlinig zur **Schutzhütte Chimoche** hin (35 Min.). Sie könnte man – in einstündiger Wanderung – auch von La Caldera erreichen (→ Vorschlag 10).

Von der Choza Chimoche geht man – in der Fortsetzung der Forststraße (Camino a Candelaria) – noch etwa 150 Meter geradeaus weiter. Dann beginnt jenseits der kleinen Schlucht ein nach links sanft ansteigender Hangweg. Er führt rasch aus dem Wald hinaus. Eine Lavalandschaft tut sich auf, durchtupft von jungen Kiefern. Später wird die Gegend immer urwüchsiger, und es beeindruckt die reichhaltige Pflanzenwelt. Wenn sich der Weg gabelt (50 Min.), wandert man nicht empor, sondern bleibt links und wandert am Hang geradeaus weiter. Der Pfad wird steiniger, alpiner. Manchmal gleicht er einer schmalen Trasse im Fels, dann verhüllt wieder dichtes Grün den Blick in die Tiefe. Kanarisches Edelweiß, rote Zistrosen und Dachwurz-Rosetten wachsen am Wegrand; später geht es in Serpentinen bergan (1 Std.). Am Hang entlang setzt sich der Weg fort, und jetzt ist auch der Teide ein herrliches Fotomotiv.

Links taucht ein Felsvorsprung auf (1 Std. 20 Min.). Er kündigt eine besonders bizarre Strecke an. Der Pfad verengt sich zum gut befestigten Steig, fast senkrecht fällt der Steilhang ab. Aber bald ist man wieder vom Wald umfangen, und kurze Zeit danach entdeckt man links eine Aussichtskanzel hoch über dem Orotavatal (1 Std. 40 Min.). Jetzt folgt ein nicht anstrengendes aber gelegentlich etwas ausgesetztes Wegstück. Schlucht um Schlucht wird umgangen, und später muss man auch wieder etwas ansteigen. Der Blick öffnet sich ins Orotavatal, zeigt das ländliche Areal in schönen Ausschnitten. Dann macht der geradeaus verlaufende Wanderweg eine überraschende Windung nach oben (2 Std. 40 Min.). Noch einmal geht es in Serpentinen empor und dann wieder eben am Hang entlang weiter. Nach einer Viertelstunde heißt es aufpassen, denn bald geht es hinab ins Tal.

Links taucht ein kleiner Vorberg auf (3 Std.). Er ist dem Hang angegliedert wie eine Halbinsel und markiert die Stelle, wo der Abstieg beginnt. Der Höhenweg setzt sich zwar fort, führt aber später in ein unwegsames Gelände, und deshalb ist ein Weiterwandern nicht ratsam. Links der Felskuppe führt der Pfad in Serpentinen hinab. Ein Stück geht es schräg am Hang weiter, dann ziehen mehrere Kurven durch den Wald aus mächtigen Kiefern. Entlang eines leicht abfallenden Bergrückens gelangt man zu einer Lichtung (3 Std. 10 Min.). Der Weg verläuft nun ziemlich geradlinig und trifft bald auf eine Forststraße. Ihr folgt man nach links; wieder geht es in Kehren bergab. Wenn später links eine Forststraße abzweigt (3 Std. 40 Min.), dann sollte man sich nicht beirren lassen und rechts weitergehen. Problemlos kommt man nun zur **Schutzhütte El Topo** (4 Std.).

Der Rückweg ist sehr erholsam, wenn man das Freizeitgelände **La Caldera** ansteuert. Ein bequemer Forstweg zieht am Rande des Orotavatals entlang, folgt dem Saum des Waldes und mündet in die Straße, die den Krater umrundet (4 Std. 30 Min.).

Etwas anstrengender, aber auch sehr reizvoll ist die Route, die über die **Schutzhütte Perez Ventoso** nach **Aguamansa** führt (5 Std., → Vorschlag 11). Nimmermüde können auch – ab der Schutzhütte Perez Ventoso – durchs Orotavatal hinabgehen (6 Std., → Vorschlag 13).

An eine Blume aus Stein erinnert der mächtige Basaltblock im Waldgebiet des Orotavatals. Die Margarita de Piedra steht dekorativ an der Straße in die Cañadas.

Weitere Wandermöglichkeiten

Im Waldgürtel zwischen Aguamansa (1000 m) und Portillo (2000 m) gibt es noch viele andere lohnende Ausflugsziele. Forststraßen und Wanderpfade ziehen kreuz und quer durch dieses Gebiet und lassen sich zu den unterschiedlichsten Rundwegen kombinieren. Eine ganze Reihe von Schutzhütten und mehrere Freizeitplätze laden zu fröhlicher Rast im Schatten der Bäume. Von der Cañadas-Straße, die in großen Kurven den Wald durchschneidet, führen zahlreiche Routen ab. Immer wieder kann man das Auto stehen lassen und auf einer markierten Strecke in den Forst hineinwandern. Noch empfehlenswerter ist es, sich mit dem Cañadas-Bus (Abfahrt ab Busbahnhof in Puerto de la Cruz um 9.15 Uhr) in die Waldregion bringen zu lassen und dann nach Belieben ins Orotavatal hinabzugehen. Zwischen Kilometerstein 22 und 23 sollte man auf die überdimensionale ***Steinrosette Margarita de Piedra*** *achten, die sich dort im Lavafels herausgebildet hat.*

Berühmt sind die Weihnachtssterne von Teneriffa

Auch **Weitwanderer** finden attraktive Routen. Von Portillo kann man zum Beispiel über die Picknickhütten Sventenius, Fuente de Mesa und Viera y Clavijo **nach Icod el Alto** oder **Los Realejos** wandern (4 Std.).

Sehr reizvoll, wenn auch etwas langwierig ist der Forstweg von Aguamansa **nach Santa Ursula**, der in vielen Kehren am östlichen Berghang des Orotavatals entlangführt und die Picknickhütten El Topo und Almadi berührt (5 Std.).

Ein Wanderweg mit Tradition ist der recht anstrengende **Candelaria-Pilgerpfad**. Er beginnt in Aguamansa gegenüber der Forellenzucht, führt an den drei Kreuzen und dem Platz „Pedro Gil“ vorbei zum höchsten Punkt der Tour (La Crucita, 1980m). Von dort geht es dann wieder steil bergab bis zur Ortschaft Arafo (5 Std.).

III Wandergebiet Östliche Nordküste

Die östliche Nordküste ist von Steilfelsen geprägt. Die wenigen Badeplätze liegen zu Füßen einer fast senkrecht abfallenden Wand; Buchten mit Sandstrand sind nur spärlich vorhanden. Nicht überall konnten sich die geplanten Touristenzentren herausbilden. Manch großzügiges Projekt erstarrte halbfertig im Dornröschenschlaf und soll jetzt im Sog des Baubooms zu neuem Leben erweckt werden. Der schmale, gezackte Streifen Land, den die Autobahn zwischen Puerto de la Cruz und Tacoronte eingrenzt, ist kaum von Feriengästen besucht. Hier entstanden Villensiedlungen für ausländische Residenten und einige nicht sehr geglückte Appartementanlagen. Puntillo del Sol, Mesa del Mar und El Pris sind Beispiele für das Auseinanderklaffen von Entwurf und Realität. Die meisten Urlauber, die zur östlichen Nordküste kommen, zieht es in die „Schwesternorte" Bajamar und Punta del Hidalgo. Dort ist nicht nur die Lavaküste flacher, leicht zugänglich und mit schönen Naturschwimmbecken ausgestattet; am Rande des Anaga-Gebirges gibt es auch viele Wanderwege und Ausflugsziele.

Wanderweg zum malerischen Fischerort El Pris

Von der Hotelsiedlung zum Fischerdorf

Mesa del Mar – El Pris

15

Die Feriensiedlung Mesa del Mar beeindruckt durch ihre bizarre Lage. Steil fällt die Küste zum Meer hin ab; ein Plateau weitet sich darüber wie ein Tisch (Mesa). In vielen Serpentinen windet sich eine Aussichtsstraße von Tacoronte herunter. Hübsche Bungalows und blühende Gärten rahmen den Weg; Blickpunkt am Meer ist das riesige Appartementhaus Mar y Sol. Badelustige entdecken ein Meerwasserschwimmbecken am Ufer. Ein hübscher schwarzer Sandstrand liegt jenseits eines Felshügels und ist nur durch einen 80 m langen Tunnel zu erreichen. Autos dürfen diese Barriere nicht passieren, und so blieb die Idylle weitgehend erhalten. Viele Angler finden sich ein, und entlang der sichelförmigen Bucht gibt es einen rund 1 km langen Promenadenweg. Sehr reizvoll ist auch die Wanderroute auf der anderen Ortsseite zum benachbarten Fischerort El Pris.

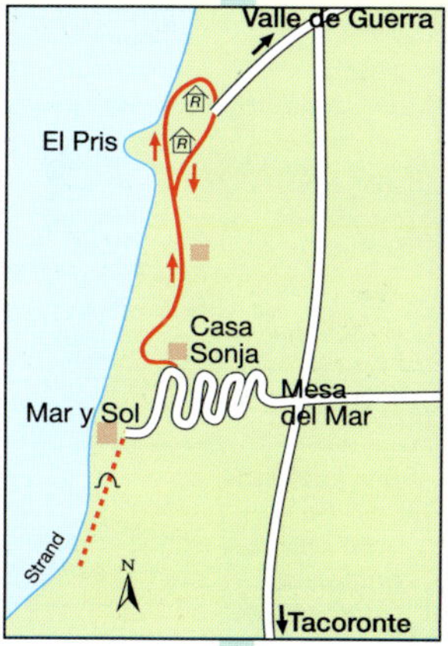

Gehzeit: Mit Rückweg 1 Std.

Wegbeschreibung: Leichte Wanderung

Zufahrt: Mit Bus 101 von Puerto de la Cruz nach Tacoronte jede halbe Stunde; und mit Bus 021 von Tacoronte nach Mesa del Mar → Fahrplan im Anhang.

Rückfahrt: Von Mesa del Mar nach Tacoronte mit Bus 021 und von Pris nach Tacoronte mit Bus 023 → Fahrplan im Anhang

Wegverlauf: Fast eine Promenade ist die Wanderroute, die **Mesa del Mar** mit dem Fischerort El Pris verbindet. Ziemlich eben verläuft sie ein Stück oberhalb der Küste und beschert immer wieder schöne Ausblicke auf das Meer, die dahinter ansteigenden Berge und auch auf den schneebekränzten Teide, der unglaublich nahe zu sein scheint. Wer mit dem Auto ankommt, sollte nicht bis zum Ufer hinabfahren, sondern bei der letzten Serpentine der Zufahrt anhalten. Parkplätze gibt es entlang des stark abfallenden Straßenstücks, das gleichzeitig das Dach eines Appartementhauses ist. Die Wanderer orientieren sich an dem Haus oberhalb des Steilhangs (Casa Sonja). Dort beginnt eine Treppe, die geradlinig zur Küste führt. Ist man 42 Stufen hinabgestiegen, schwenkt rechts ein Weg ein. Ihn begrenzen zwei Mauern, doch bald zieht er hinaus ins freie Land.

Jetzt ist die Route deutlich vorgezeichnet. Als breiter Fußweg durchschneidet sie den Hang und führt auf halber Höhe ziemlich eben voran. Zwei hübsche Buchten liegen zu Füßen; leider sind sie zum Baden etwas zu felsig. Ein einzelstehendes Haus wird umgangen, dann taucht hinter einer Hügelfalte der Ort El Pris auf. Wir wandern in einem Bogen darauf zu, wobei ein weitgeschwungener, steinübersäter Strand umgangen wird. Dann stößt man auf zwei Wanderwege, und man wählt die linke, tieferliegende Route. Sie mündet in schmale Stufen, die in den dunklen Fels gekerbt sind. Da der Ort im Blick liegt, ist die Richtung nicht zu verfehlen. Auf einer Vorinsel sind kleine Häuser übereinandergeschachtelt; am Ufer mischen sich mehrstöckige Bauten zwischen die einfachen, weißen Wohnstätten.

Sehr lohnend ist ein Besuch im anthropologischen Museum „Casa de Carta"

El Pris wirkt wie ein verträumter kleiner Ort. Doch hinter der Wegbiegung kommt eine Überraschung. Die dörfliche Stimmung endet, und es präsentiert sich die moderne Variante des Fischerdorfs. Ein riesiges Terrassenhaus klebt am Berg; Autos parken entlang der Asphaltstraße. Ein Bad im Meer ist auf dieser Ortsseite möglich. Ein künstliches Becken ist in die Felsen eingebettet, und ein einfacher, aber recht geschützter Strand grenzt an.

Urlauber kommen meist nur auf Stippvisite. Noch immer kann man recht gut essen in diesem Ort am Meer. Zur Auswahl stehen ein rustikales Fischlokal an der Uferpromenade (Pescador) und ein Restaurant mit schönem Ausblick im Terrassenhaus (Lolo).

Den Rückweg könnte man mit einem Rundgang durch den Ort einleiten. Man geht zuerst an der Appartementanlage vorbei und wandert dann zur höhergelegenen Straße empor. Sie führt am Dach des Terrassenhauses entlang und mündet in einen Fahrweg, der zur Wanderroute nach Mesa del Mar hinableitet (40 Min.). Auf dem vertrauten Weg kehrt man nun zum Ausgangspunkt zurück (1 Std.).

Die Autostraßen nach Mesa del Mar und El Pris sind Sackgassen. Sie enden jeweils an der Küste und eignen sich auch zum Hinabwandern, da sie kaum befahren sind und hübsche Ausblicke bieten. Zu Fuß kann man die nahe Umgebung der beiden Orte kennenlernen. Im Westen von Mesa del Mar liegt ein schwarzer **Sandstrand,** der zu einem beschaulichen Spaziergang einlädt. In El Pris wendet man sich dem Osten zu und erkundet die Felsküste. Dort ist es recht einsam, denn die Berge umgrenzen diesen Streifen Land wie eine undurchdringliche Mauer.

Diesen Ausflug könnte man mit einem Besuch des anthropologischen Museums „Casa de Carta" verbinden. In einem schönen und sehr typischen Landhaus bei Valle de Guerra erhält man einen Überblick über Geschichte und Kultur Teneriffas und lernt auch viele Gerätschaften kennen, die einst in der Landwirtschaft und im Kunsthandwerk benutzt wurden. Das Museum liegt an der Autostraße Tacoronte-Tejina, etwa 3 Kilometer nach der Abzweigung Mesa del Mar. Es ist außer Montag von 10–20 Uhr geöffnet, am Sonntag freier Eintritt.

Der nahegelegene Ort „Valle de Guerra" (Tal des Krieges) erinnert daran, dass sich in diesem Gebiet viele Gefechte zwischen den einheimischen Guanchen und den eroberungslustigen Spaniern abspielten. Sie endeten 1495 mit der endgültigen Unterwerfung der Ureinwohner.

Promenade am Meer und am Berg

Bajamar in zwei reizvollen Varianten

16

Bajamar ist ein Badeort der beschaulichen Art. Die zumeist deutschen Urlauber schätzen die weitläufige Terrassenanlage an der Lavaküste, die mit zwei großen Meerwasserschwimmbecken und einem kleinen Sandstrand beeindruckt. Wie eine wunderschöne Kulisse wirkt das nahe Anaga-Gebirge. Zum Nachbarort Punta del Hidalgo führt eine 3 Kilometer lange Autostraße. Sie verläuft oberhalb der weitgeschwungenen Bucht und ist kunstvoll in den Steilhang eingekerbt. Leider gibt es keinen ausgesprochenen Wanderweg, so dass sich die Fußgänger an die gleiche Route halten müssen (Trottoir). Unterwegs lädt das deutsche Café Melita zum Verweilen ein. Auch in der entgegengesetzten Richtung (nach Tejina) gibt es nur begrenzte Wandermöglichkeiten. Spaziergänger können auf ebenen Wegen die Küste erkunden und durch den alten Ortsteil von Bajamar bummeln. Etwas anstrengender ist die Wanderung ins höhergelegene ländliche Gebiet. Ein schöner Hangweg zeigt die vielfältigen Facetten dieser Region.

Wegbeschreibung: Spaziergang entlang der Steilküste. Leichte Wanderung oberhalb von Bajamar.

Zufahrt: Mit Express-Bus 102 von Puerto de la Cruz nach La Laguna jede halbe Stunde, Fahrzeit 45 Minuten; dann mit Bus 105 nach Bajamar, jede halbe Stunde, Fahrzeit 30 Minuten.

Rückfahrt: Ebenfalls halbstündlich, → Fahrplan im Anhang.

Wegverlauf: Der Spaziergang beginnt bei dem Platz nahe der Meerwasserschwimmbäder, der mit seinen Restaurants und Cafés zum Mittelpunkt von Bajamar geworden ist. Man passiert die hübsche Badebucht und wandert dann auf einer **Promenade am Ufer** entlang. Das Meer gischtet über Felsen heran, oberhalb einer hohen Mauer ist die kleine Altstadt angesiedelt. Bevor der Weg zu felsig wird, steigt man eine Treppe empor (knapp 100 Stufen) und gelangt zu einer Villenstraße. Sie mündet in einen einfachen Fahrweg, der sich rasch zu einem Pfad verengt. **Am Rande der Steilküste** geht es voran; Feigenkakteen und niedriges Gesträuch säumen die Route.

Mit einem Mal öffnet sich vor uns eine Schlucht. Wir klettern nicht hinab in den Graben und steuern den Club Nautico auf der gegenüberliegenden Seite an, sondern wir bleiben auf der Höhe und wandern in einem Bogen nach links weiter. Die Route verläuft erst parallel zur Schlucht, dann hält man sich halblinks. Bei einer niedrigen Mauer biegen wir links ab und stoßen nach kurzer Zeit auf einen Querweg, der uns wieder zum Pfad entlang der Steilküste bringt. Nun wandern wir auf die

Gehzeit:
Spaziergang 30 Minuten;
Wanderung 1 Stunde

Häuser von Bajamar zu. Durch die hübsche **Altstadt** kehren wir zum Ausgangspunkt zurück. (30 Min.).

Die Wanderung beginnt im höhergelegenen Teil von Bajamar. Wenn die Zufahrt zu den Meerwasserschwimmbädern links abzweigt (Bushaltestelle), geht man geradeaus weiter. Nach einer Reihe von Geschäften gelangt man zum **Barranco de Vargas**. Rechts der Schlucht führt eine schmale Straße empor. Man passiert umzäunte Bananenfelder und einzelne Häuser und kommt dann zu einem kleinen Platz mit einer mächtigen Palme. Kurze Zeit später biegt ein **Höhenweg** nach rechts ab. Er verläuft eben entlang des Hanges und bietet schöne Ausblicke auf Bajamar, die Küste und das Meer. Eine steile Felswand kündigt das Wanderziel an. Es ist ein alter **Steinbruch,** der jetzt als Wasserspeicher genutzt wird. Senkrechte Wände umschließen ein weiträumiges, düsteres Viereck, und der Fels ist so glatt, als sei er poliert. Von dort kann man auf direktem Weg in den Ort hinabwandern (1 Stunde).

Reizvoll ist es aber auch, auf dem Höhenweg zur Trasse entlang der Schlucht zurückzukehren und noch einen **Abstecher in die angrenzende Bergregion** zu machen. Dann folgt man dem Fahrweg, der stetig emporzieht. Er verläuft oberhalb des Barrancos, der zwei Felsmassive vonein-

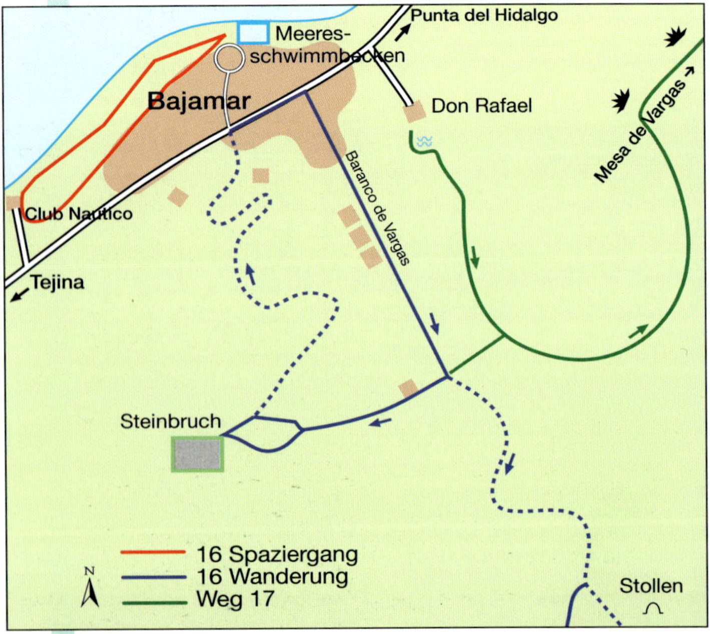

ander trennt. Wir wandern auf den „Hausberg" Pico de Izoque zu; auf der anderen Seite erhebt sich der eindrucksvolle Höhenrücken Mesa de Vargas (→ Vorschlag 17). Nach einer Weile rücken die Bergwände näher heran, die Strecke wird kurvenreicher, steigt stärker an.

Nach einem „Wasserhaus" verengt sich der Fahrweg und führt zu einem kleinen Plateau mit 2 Eukalyptusbäumen empor. Von dort sieht man ein Tor im Fels. Es ist der Eingang zu einem verlassenen **Stollen.** Rechts vom Plateau setzt sich der Pfad fort. Allerdings wird er jetzt sehr steil, steinig und gelegentlich auch rutschig. Nur erfahrene Bergsteiger sollten von hier aus weiter emporsteigen, auch wenn die unberührte Gegend zu Erkundungen einlädt. (Gehzeit für den Abstecher 1 Stunde). Zurück nach Bajamar kehrt man auf der vertrauten Route.

Der Leuchtturm von Bajamar ist ein Blickpunkt an der Küste

An den Leuchtturm grenzen die Badeanlagen an

17 Aufstieg zum Aussichtsblick

Bajamar – Berggrat „Mesa de Vargas"

Einfachen lebensfrohen Menschen begegnet man in den abgelegenen Bergregionen

Wer Bajamar und Punta del Hidalgo sozusagen auf einen Blick überschauen möchte, der sollte die Felsnase erklimmen, die sich im Rücken der beiden Orte hochtürmt. Von dort hat man ein herrliches Panorama der Küstenlinie und fühlt sich fast schon wie im Hochgebirge. Ein schmaler, markierter Pfad leitet von Bajamar herauf. Als Zielpunkte empfehlen sich ein Ausguck am Berg und das noch etwas höher liegende kleine Plateau, das sich auch gut als Picknickplatz eignet. Nur geübten Kletterern sei es vorbehalten, noch weiter den Bergrücken Mesa de Vargas emporzukraxeln und ins unwegsame Gelände vorzudringen.

Wegbeschreibung: Mittelschwere Wanderung; stetiger Anstieg und Abstieg von rund [illegible]00 Höhenmetern, Weg teilweise etwas verwachsen.

Zufahrt: Wie Wandervorschlag 16, → Fahrplan im Anhang.

Wegverlauf: Die Route zum Aussichtsberg Mesa de Vargas beginnt oberhalb von **Bajamar**. Vom Ortszentrum (Abzweigung zu den Meerwasserschwimmbädern) wandert man rund 600 Meter in Richtung Punta del Hidalgo, dann biegt rechts die Avenida Rafael G. Vernetta ab. Sie mündet in die höhergelegene Calle Altavista und ihr folgt man bis zum Appartementhaus Don Rafael. Auf der Rückseite des Gebäudes beginnt die Wanderstrecke (20 Min.). Mit dem Auto kann man bis dorthin anfahren.

Man orientiert sich an einem runden Wasserreservoir. Ein Pfad führt rechts daran vorbei und stößt bald auf einen Wanderweg, der unterhalb der alten Wasserleitung verläuft. So steil, wie sich der Berg zuerst präsentiert, muss man nicht emporsteigen. Die Route lehnt sich vielmehr an den Hang an, schwenkt bei einem zweiten, diesmal viereckigen Wasserbehälter links ab und zieht stetig hoch. Bald trifft man wieder auf die Wasserleitung (25 Min.) und wandert gemächlich bergan. Die Felswände scheinen sich zu einem Taleinschnitt zu öffnen, und rechts unten entdeckt man eine Schlucht.

An den steilen Hängen des Anaga-Gebirges wurden einst zahlreiche Terrassen angelegt

Gehzeit:
Mit Rückweg
2 Std. 15 Min.

Nach einer Gruppe von Palmen muss man etwas aufpassen (30 Min.). Ein Schild auf rotweißem Stab weist auf das Jagdgebiet hin, das hier beginnt. Der Wanderweg führt am Schild vorbei und zu einem Brückchen über die Schlucht (dies wird unser Rückweg sein), doch vorerst gehen wir nur rund 50 Meter auf dieser Route weiter und biegen dann nach links ab. Über das Rohr der Wasserleitung geht es bergan, auf Felshöhlen und primitive Ställe zu. Dann verläuft der Weg wieder am Hang entlang, parallel zur schmalen Schlucht (gelbe Punkte). Ein Blick in die Tiefe zeigt mehrere übereinander gestaffelte Becken, die sich im glatten Fels herausgebildet haben. Zur Regenzeit fließt das Wasser in schönen Kaskaden darüber hinweg.

Bald muss man wieder aufpassen, denn jetzt verlässt man den Weg, der entlang der Schlucht weiterführt. Die Wanderroute biegt nach links ab; ein gelber Pfeil weist auf die Richtungsänderung hin (35 Min.). Im Zickzack geht es bergan. Über Felsen und natürliche Stufen gewinnt man Höhe. Den Weg säumen Verodebäumchen, Feigenkakteen und ein stark duftendes Wermutkraut. Der Pfad passiert einen riesigen, überhängenden Fels, den eine dicke Mauer aus Steinen umgibt. Bei schlechtem Wetter kann man hier unterschlüpfen (50 Min.).

Auf einer höheren Ebene wandert man noch ein Stück in die Schlucht hinein; dann biegt man wieder nach links ab (55 Min.) Zuerst verläuft die Route am Hang entlang in Richtung Meer, dann führen mehrere Serpentinen bergan. Immer ursprünglicher wird die Landschaft, und der Aufstieg strengt nun auch mehr an. Ein steiles Stück kündigt den Berggrat **Mesa de Vargas** an (1 Std. 10 Min.).

Etwa 50 Meter wandert man entlang des Felsens, dann teilt sich die Route. Der untere Pfad führt zu einem **Aussichtspunkt,** der nur wenige Schritte entfernt ist. Schon dort bietet sich ein herrlicher Blick. Fast senkrecht zu Füßen liegen Bajamar und Punta del Hidalgo, die eine weitgeschwungene Bucht eingrenzen.

Noch umfassender wird das Panorama, wenn man ein Stück höher emporsteigt. Ein steiniger, markierter Steig leitet hinauf zu einem kleinen **Plateau,** das windumtost im Fels liegt. Ist ein geschützter Winkel gefunden, kann man eine wohlverdiente Rast einlegen. Der Blick weitet sich hier zu einer grandiosen Rundschau, umspannt beinahe die gesamte Nordküste, die Berge im Hintergrund und – bei klarem Wetter – auch den weißüberzuckerten Gipfel des Teide (1 Std. 15 Min.). Noch höher emporzusteigen, ist nicht ratsam. Das Gelände wird hier recht unwegsam, und nur erfahrene Bergsteiger sollten sich auf dieses Wagnis einlassen.

Zurück kehrt man vorerst auf demselben Weg. Man geht in Serpentinen bergab und dann entlang der Schlucht, bis man zur Weggabelung kommt, die rund 50 Meter vor dem Schild „Jagdgebiet" liegt (1 Std. 50 Min.). Nun folgt man dem Pfad, der zum Brückchen über die Schlucht führt. Auf der gegenüberliegenden Seite sieht die Landschaft ganz anders aus, ist viel üppiger bewachsen und zeigt noch die Ursprünge von Terrassenfeldern. Ein Pfad zieht durch dichtes Grün und stößt dann auf einen Fahrweg (2 Std.). Ihm folgt man nun geradlinig bergab. Die Straße entlang des Barrancos de Vargas mündet in den hochgelegenen Ortsteil von **Bajamar,** wo wir die Tour begonnen haben (2 Std. 15 Min.).

Wer mit dem Auto bis zum Appartementhaus Don Rafael emporgefahren ist, kann natürlich auch auf direktem Weg zurückwandern.

18 An schroffer Felsenküste

Punta del Hidalgo – Promenade am Meer

Der Norden Teneriffas besitzt viele landschaftliche Schönheiten, aber nur selten kann man direkt am Meer entlangwandern. Die Küste ist meist sehr schroff, und viele Schluchten versperren den Weg. Um so größer ist die Überraschung, wenn man von Punta del Hidalgo gen Norden wandert. Ein ebener Weg umfasst die Halbinsel, die dem Ort vorgelagert ist. Dort hat der Tourismus noch keine Breschen geschlagen, und als reizvolles Ziel verlocken die grünen Flanken des Anaga-Gebirges. Passionierte Wanderer können unmittelbar ins Bergland eindringen.

Wegbeschreibung: Ebener Weg entlang des Meeres, später schmaler, etwas ausgesetzter Pfad.

Zufahrt: Mit Express-Bus 102 von Puerto de la Cruz nach La Laguna jede halbe Stunde, Fahrzeit 30 Minuten; dann mit Bus 105 bis zum Ortszentrum, Abzweigung Altagay, jede halbe Stunde, Fahrzeit 40 Minuten.

Rückfahrt: Ebenfalls halbstündlich, → Fahrplan im Anhang.

Wegverlauf: Das mächtige **Appartementhaus Altagay** markiert den Anfang der Küstenstraße (Camino La Costa). Rund 400 Meter sind als Promenade angelegt. Das Meer gischtet über einen breiten, schwarzen Lavagürtel, und zur anderen Seite erheben sich robuste Mauern. Sie schützen die Bananenplantagen vor dem salzigen Wind. Asphaltstraße und Trottoir enden unvermittelt, münden in einen einfachen Fahrweg, auf dem man gemächlich dahinwandern kann. Ein ungewöhnlich hohes, schlankes, weißes Bauwerk nimmt den Blick gefangen. Es ist der **Leuchtturm,** der 1992 erbaut wurde und sehr futuristisch anmutet. Eher nostalgisch wirkt dagegen die nächste Überraschung am Weg. Es ist das schöngelegene **Naturschwimmbad** des spanischen Clubs Charco de la Arena. In die Klippen eingepasst ist ein weitläufiges Becken; eine Terrasse zum Sonnen und ein Restaurant

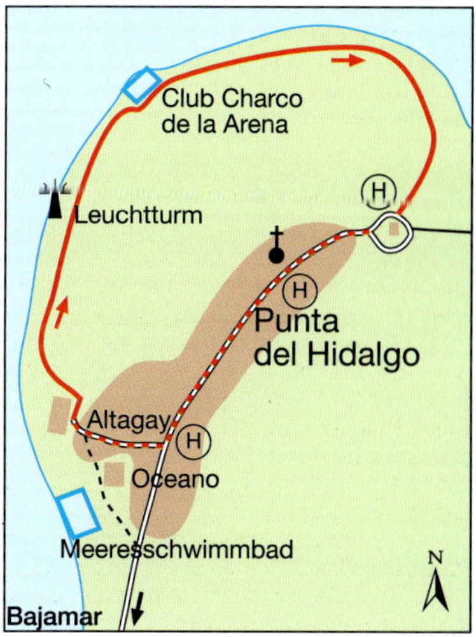

Gehzeiten:
Mit Rückweg
1 Std. 30 Min.

ergänzen die Anlage. Sie ist gegen Gebühr zugänglich; das Restaurant hat am Montag geschlossen.

Die meisten Urlauber wandern (oder fahren) nur bis hierher; dabei kommt hinter der Wegbiegung das schönste Stück der Route. Je weiter man voranschreitet, desto stiller und dekorativer wird die Landschaft. Das Anaga-Gebirge rückt nun in den Blick. Mit seinen Zinnen und Türmen beschwört es ein Bild der Romantik. Felsspitzen ragen steil empor, von samtigem Grün scheinen die Hänge überzogen. Der Weg am Meer wird nun schmaler und führt auf eine kleine Felswand empor. Als Pfad zieht er am oberen Rand entlang. Vorsicht bei Nässe, es besteht Rutschgefahr. Manchmal ist es besser, kein Risiko einzugehen und lieber umzukehren. Doch meist kann man problemlos bis zu den Häusern am Fuße des Anaga-Gebirges gelangen (45 Min.). Dort stößt man auf den Wanderweg, der ins Höhlendorf Chinamada emporführt.

Zurück zum **Appartementhaus Altagay** kehrt man meist auf derselben Route (1 Std. 30 Min.). Man kann aber auch zur nahen Bushaltestelle gehen. Sie markiert das Ortsende von Punta del Hidalgo. In einem Kreis umrundet die Straße ein einzelstehendes Haus; dekorative Blickpunkte sind zwei Bronze-Skulpturen, die den Fischerfrauen von Punta del Hidalgo und einem bekannten Interpreten der kanarischen Folklore gewidmet sind.

Wer Dorfatmosphäre schnuppern will, wandert durch den langgestreckten alten Ortsteil und kommt nach rund 2 Kilometern in den Bereich der Appartementhäuser und Villen. Lohnend ist ein Bummel entlang der hübschen Strandpromenade. Dort entdeckt man ein frei zugängliches Meerwasserschwimmbecken, das renommierte Kurhotel „Oceano" und einige Restaurants, die frischen Fisch anbieten.

Wer der Höhe zustrebt, kann von Punta del Hidalgo zwei wunderschöne Touren unternehmen. Ausgangspunkt ist die einstige Volksschule am Ortsende (Endstation des Busses). Von dort führt ein Pfad zum Höhlendorf Chinamada (etwa 2 Gehstunden). Eine ebenfalls sehr reizvolle Route umrundet in 4 Gehstunden den Bergort Batan. Ein weiteres lohnendes Ausflugsziel sind die roten Windschliffberge von Las Rosas.

Schluchtenreich ist die Nordküste des Anaga-Gebirges

Am Ortsende von Punta del Hidalgo hat man einen schönen Blick auf zwei bekannte Bergspitzen, die sogenannten Brüder

19 Tafelberg und Märchenwald

Tegueste – Mesa de Tejina – Orilla – Tegueste

Wenn die meisten Gipfel des Anaga-Gebirges von Nebelschwaden verhüllt sind, dann wenden sich die Wanderer den küstennahen Hängen zu. Ein besonders sonniges Fleckchen ist die Landschaft oberhalb von Tegueste. Dort verlocken zwei sehr unterschiedliche Ziele: der Tafelberg Mesa de Tejina und der sogenannte Märchenwald (Orilla) nahe der Moquinalstraße. Beide Gebiete haben ihren eigenen Reiz und lassen sich ideal miteinander verbinden. Der Aufstieg zum imposanten Bergplateau spricht die Wanderer an, die gern auf einem schmalen Pfad am Steilhang entlanggehen; der Streifzug durch den Forst ist eher als Spaziergang einzustufen. Hier ist der Ausblick zwar nicht so grandios wie vom Tafelberg, dafür präsentiert sich die Landschaft in vielfältigen Facetten. Die Bezeichnung „Märchenwald" ist durchaus zutreffend. Sie rührt von den vielen Pilzen her, die im Baumschatten sprießen. Leider sind die meisten Exemplare giftig und somit nur eine schöne Dekoration.

Gehzeit: 3 Stunden

Wegbeschreibung: Mittelschwere Route zum Tafelberg, Aufstieg von 380 auf 620 Höhenmeter und zurück. Zum Märchenwald leichte Wanderung mit bequemem Auf- und Abstieg.

Zufahrt: Mit Express-Bus 102 von Puerto de la Cruz nach La Laguna jede halbe Stunde, Fahrzeit 30 Minuten; und von dort mit Bus 105 nach Tegueste, jede halbe Stunde, Fahrzeit 15 Minuten.

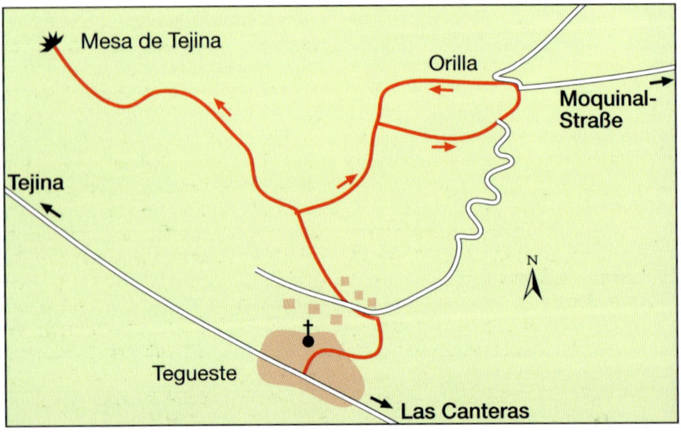

Die Flanken des Anaga-Gebirges sind dicht besiedelt

Rückfahrt: Von Tegueste jede halbe Stunde, und von La Laguna ebenfalls jede halbe Stunde, → Fahrplan im Anhang.

Wegverlauf: Von der Bushaltestelle an der Autostraße in **Tegueste** (Bar Fernando) wandert man in den Ort hinein bis zum Kirchplatz. Dann folgt man der Straße, die nach rechts zu einer Kapelle hinleitet. Dort hält man sich links und wandert auf eine Brücke zu, die den Talboden überquert. Auf der anderen Seite teilt sich der Weg, und man wählt die linke Abzweigung. Entlang einer Häuserreihe geht es etwa 200 Meter geradeaus weiter, und dann führt rechts eine gerillte Steintrasse empor (Calle El Sardan, 10 Min.). Bis dorthin könnte man mit dem Mietauto oder Taxi anfahren.

Auf diesem Seitenweg wandert man nun hoch und passiert einige moderne Einfamilienhäuser. Am Hang entlang geht es stetig bergan. Wenn der Fahrweg eine Serpentine nach rechts beschreibt, wechselt man auf einen Pfad über, der geradeaus weiterführt (20 Min.). In gleicher Linie, parallel zum Tal von Tegueste, steigt man zu einem Bergsattel empor. Mauerumgrenzt sind die einstigen Felder; jetzt weiden hier höchstens noch Ziegen (35 Min.).

Wanderer, die den Tafelberg erklimmen wollen, biegen nach links ab. Das kleine Gehöft eines Ziegenhirten dient als Orientierung. Zuerst steuert man einen einzelstehenden Eukalyptusbaum an, dann hält man sich rechts und geht oberhalb des Hauses auf eine kleine Gruppe von Bäumen zu. Mit Blick auf die grasüberwachsenen Felder wandert man langsam und dann steiler bergan. Bald ist man im Bereich der Felsen. Ein bisschen Kraxelei ist nötig, dann führt der Pfad unterhalb eines Felsbandes weiter. Fast senkrecht fällt der Hang ab, und es überrascht die üppige Vegetation. Ein schmaler Grat mit Blick nach beiden Seiten kündigt die Bergkuppe an (50 Min.). Nun wandert man über das weite Plateau bis zum Ende (1 Std.). Vom **Tafelberg** bietet sich ein herrliches Panorama der langgestreckten Küstenlinie. Zurück ins Hochtal kehrt man auf demselben Weg (1 Std. 30 Min.).

Jetzt wendet man sich dem Gegenhang zu. Ein deutlich erkennbarer Weg führt ziemlich geradlinig auf die Bäume der Bergkuppe zu. Nach etwa 100 Metern wird die Route steiler. Man hält sich links und wandert zu zerklüfteten Felsen hin. Unterhalb einer kleinen Wand geht es weiter, an einem Aussichtspunkt vorbei. Dann ist man schon im Bereich des Waldes (1 Std. 40 Min.). Wenn der Weg stärker ansteigt, muss man aufpassen. Denn jetzt biegt ein idyllischer Pfad rechts ab. Kleine Felsbrocken und ein Baumheidestrauch kündigen die Abzweigung an. Sollte man sie übersehen, dann bleibt man auf dem breiten Weg, der am Waldsaum emporführt. Beide Routen treffen am oberen Ende der Schlucht wieder zusammen. Dort stößt man auf einen Forstweg (1 Std. 50 Min.). Ihm folgt man nach rechts sanft bergan.

Eine große Kurve leitet zu einer Lichtung hin; von dort kann man schön auf Tegueste hinabblicken. Nach dem Abstecher kehrt man zum Forstweg zurück und wandert in den Märchenwald hinein. Später kommt man an grünbewachsenen Feldern und einem verlassenen Gehöft vorbei, entdeckt rechts die Abzweigung „Tegueste", einen steilen Pfad ins Tal, und gelangt schließlich zu einer schnurgeraden Trasse, die zur Moquinalstraße und nach Cruz del Carmen hinführt. (2 Std. 15 Min.).

Wir setzen die Wanderung auf dem Forstweg fort. Nach etwa 100 Metern sieht man rechts die Abzweigung „Los Dornajos" (sogenannter Vergissmeinnichtweg nach Juntadero und Punta del Hidalgo); wir gehen aber geradeaus weiter. Einsam und verwunschen wirkt der Wald; viele Pilze wachsen unter den hohen Kiefern. Später macht der Forstweg einen weiten Bogen und führt auf einen baumlosen Hang zu (2 Std. 25 Min.). Dort wechselt man auf einen nach rechts abbiegenden Weg über, der in Richtung Meer verläuft und einen schönen Blick auf den Tafelberg bietet. In einer Kurve nähern wir uns der kleinen Schlucht und treffen auf die Wanderstrecke, auf der wir heraufgekommen sind. Die große Runde durch den Hochwald ist beendet (2 Std. 30 Min.). Nun geht es wieder hinab zur Mulde zwischen Märchenwald und Tafelberg und dann auf der vertrauten Route in Richtung **Tegueste.** Am Kirchplatz endet die abwechslungsreiche Tour (3 Std.).

Natürlich kann man auf den etwas anstrengenden Aufstieg zum Tafelberg verzichten und sich nur den „Spaziergang" durch den Märchenwald vornehmen. Für diese verkürzte Variante benötigt man rund 2 Gehstunden.

Weitere Ausflugsmöglichkeiten

Von der östlichen Nordküste macht man gern einen Abstecher zur Universitätsstadt La Laguna und zur Hauptstadt Santa Cruz. Beide Orte haben eine ganze Reihe von Sehenswürdigkeiten. Spaziergänger sollten in **La Laguna** *die wunderschöne Palmenallee entlanggehen, die parallel zur Autostraße nach Las Canteras verläuft. In* **Santa Cruz** *interessieren zumeist die Ladenstraßen und die Promenade am Hafen. Beide Ziele lassen sich zu einem schönen Rundweg kombinieren, der als besondere Attraktion noch den sehr sehenswerten Stadtpark einschließt.*

20 Ausflug zum Höhlendorf

Las Carboneras – Chinamada – Punta del Hidalgo

Die Hochtäler des Anaga-Gebirges verstecken manche Besonderheit, zum Beispiel Chinamada. Der ungewöhnliche Name bezeichnet ein ungewöhnliches Dorf; denn seine Häuser, die mit ihren weißen und pastellfarbenen Fassaden so heiter ausschauen, stehen praktisch im Berg. Das wird erst deutlich, wenn man näher herankommt und auf die wuchtigen Dächer aufmerksam wird. Sie sind aus massivem Fels und wölben sich über erstaunlich geräumige „Höhlen", die im Innern wie moderne Einfamilienhäuser ausgestattet sind. Bis Ende 1991 war Chinamada ein Geheimtip für Wanderer. Nur ein Ziegenpfad leitete vom 3 km entfernten Nachbarort Las Carboneras herüber, und die Route war so schön und abwechslungsreich, dass sie zu den reizvollsten Touren des Anaga-Gebirges gehörte. Dann baute man einen Fahrweg und begrub den Pfad unter Geröll. Die Idylle wurde zur nostalgischen Erinnerung. Dennoch – Chinamada blieb ein interessantes Ausflugsziel. Zwei Weg-Varianten seien hier vorgestellt.

ehzeit:
:unden

Rundweg ab Las Carboneras: Leichte Wanderung auf einer Höhe zwischen 600 und 750 Höhenmetern.

Zufahrt: Mit dem Express-Bus 102 von Puerto de la Cruz nach La Laguna jede halbe Stunde, Fahrzeit 30 Minuten; von dort mit Bus 075 nach Las Carboneras, Fahrzeit 30 Minuten, → Fahrplan im Anhang.

Mit dem Auto von La Laguna zur Anaga-Höhenstraße, von der man etwa 2 Kilometer hinter dem Aussichtspunkt Cruz del Carmen links abbiegt. Zuerst fährt man in Richtung Las Carboneras/Taborno; dann trennt sich die Route, und links geht es weiter nach Las Carboneras (knapp 5 Kilometer).

Rückfahrt: Nach La Laguna mit Bus 075 und weiter mit Bus 102 nach Puerto de la Cruz.

Wegverlauf: Eine gut ausgebaute Autostraße führt nach **Las Carboneras,** einem stillen Ort auf einer Hügelkuppe. Der Name erinnert an die Köhler, die früher hier lebten. Hübsche Häuser rahmen den kleinen Dorfplatz, ein Kirchlein ist der Blickpunkt. Die Wanderroute beginnt beim nahegelegenen Gasthaus Tesegre und folgt dem Fahrweg, der zuerst ein Stück bergab zieht. Später verläuft er ziemlich eben durch ein ländliches Gebiet. Viele Terrassen breiten sich aus. Selbst die steilsten und unzugänglichsten Stellen hat man einmal kultiviert. Jetzt liegen viele Felder brach oder sind zu Wiesen geworden.

Der Weg offenbart immer wieder neue, überraschende Facetten. Bergspitzen fügen sich zu einer wahren Gipfelparade. Sie rahmen den freiste-

Wandergebiet Anaga-Gebirge

Das Anaga-Gebirge zählt zu den einsamsten Landschaften Teneriffas – und sicher zu den schönsten. In unzählige Falten sind die Berge aufgefächert; ihre Vegetation scheint dem Tertiär zu entstammen. Ein dichter Lorbeerforst prägt den unteren Teil der Hänge. Auf den Kuppen dominieren Baumheide und ein flacher, grüner Bewuchs, der wie ein Flaum die bizarren Felswände überzieht. Eine wunderschöne Aussichtsstraße windet sich durch den Mercedes-Wald empor, folgt dem 800–900 m hohen Bergkamm und schwenkt dann nach Süden (San Andrés) ab. Gut ausgebaute Nebenstraßen verbinden mit tiefergelegenen Ortschaften und erschließen auch den einsamen Ostteil der Halbinsel. Viele Gebiete sind noch immer den Fußgängern vorbehalten. Auf Forstwegen und Ziegenpfaden können sie zu abgeschiedenen Dörfern wandern und nicht allzu gefährliche Gipfel besteigen. Hält man sich an die beschilderten Routen, wählt einen möglichst wolkenlosen Tag und nimmt zur Vorsicht einen Wandergefährten mit, dann wird ein Streifzug durchs Anaga-Gebirge zum unvergleich lichen Erlebnis. Leider ist diese Region oft von Nebel überlager Das gilt insbesondere für das zentrale Bergland. In den küste nahen Bereichen, etwa am äußersten Ende der Halbinsel oder i Gebiet Tegueste und Bajamar ist das Wetter meist klarer. Ein b kannter Aussichtspunkt im Anaga-Gebirge ist das Plateau „Cr del Carmen". Dort befindet sich auch das Besucherzentrum d Parque Rural Anaga mit einem interessanten Museum (geöffn von 9.30–16 Uhr).

henden Felskegel Taborno, der ans Matterhorn denken lässt. Nach etwa 20 Minuten trifft man auf einen Felsrücken, der zwei tiefe Schluchten teilt. Auf der einen Seite fallen die Wände schroff ab, auf der anderen Seite ist das Tal ein wenig hügeliger, abgeflachter. Ein kleiner Abstecher entlang des Kammes erweitert den Blick auf die beiden Buchten und das Meer.

Ist man zur Route zurückgekehrt, geht es auf dem Fahrweg weiter. Gelb blühender Klee, überdimensionaler Löwenzahn (Sonchus) und Baumheide säumen die Wanderstrecke. Bald öffnet sich ein neuer Talboden. Am Berg, der dahinter ansteigt, erspäht man das erste Haus von Chinamada. Zuerst wirkt es wie einer der üblichen einfachen Bauernhöfe; dann bemerkt man das graue Felsdach. Bald hat man den Dorfrand erreicht. Dort entdeckt man den Richtungspfeil „Las Escaleras“. Er zeigt die Route an, die wir als Rückweg wählen. Nun sind es nur noch wenige Schritte bis zu den Häusern (40 Min.).

Die Häuser von Chinamada sind in den Fels eingefügt

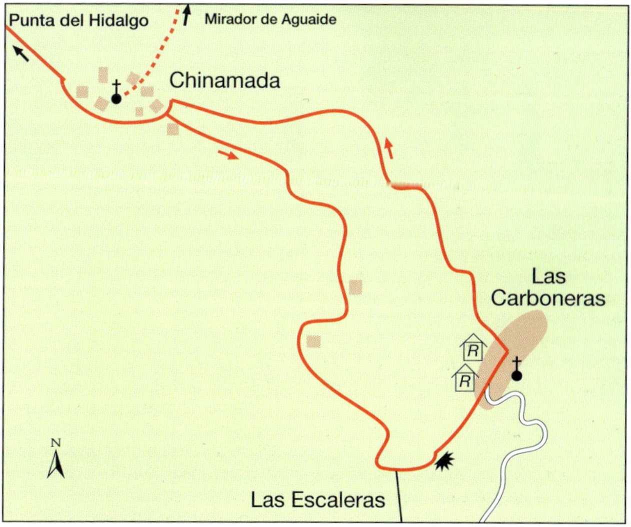

Eine moderne Kirche ist jetzt der Mittelpunkt des Dorfes

Chinamada ist ein interessantes Dorf. Über den Hügel verstreut sind die wenigen Häuser. Terrassenfelder und Wiesen bilden den hübschen Rahmen. Landschaft und Architektur haben ihren besonderen Reiz, und es ist zu hoffen, dass nicht zu viele Autotouristen das friedliche Bild stören.

Beim Ortsschild hält man sich an die linke Bergflanke und wandert am Hang entlang weiter. Wenn sich der Weg gabelt, geht man nicht auf die höherliegenden Häuser zu, sondern folgt dem unteren Pfad. Ziegen weiden an den Abhängen, machen mit Glöckchenklang auf sich aufmerksam. Ein schöner Drachenbaum fällt auf. Rund 300 Meter nach dem Ortsanfang kommt man zu einem Plateau. Dort wurde vor einigen Jahren eine kleine Kirche erbaut. Sie ist jetzt der dekorative Mittelpunkt von Chinamada.

Es lohnt sich, noch ein Stück in Richtung Punta del Hidalgo zu wandern. Dann folgt man dem Pfad, der links des Kirchplatzes verläuft. Am Hang entlang führt die Route; oberhalb des Weges entdeckt man eine Reihe von Häusern. Je weiter man vorankommt, desto ursprünglicher wird die Landschaft. Lavendel, Fei-

Mit dem Matterhorn vergleichen manche Wanderer den hochaufragenden Felskegel Taborno. Wie ein Wahrzeichen überragt er den nördlichen Teil des Anaga-Gebirges

genkakteen und Tabaiba-Büsche säumen den Weg, steiler fallen die Hänge ab. Eine grasbewachsene Kuppe ist das vorläufige Ziel. Von dort sind die Häuser von Punta del Hidalgo nicht nur als kleiner Ausschnitt zwischen den Bergen zu sehen. Jetzt hat man einen schönen Überblick über den Ort, die zerklüftete Küste und die angrenzenden Bananenplantagen.

Der Abstieg nach **Punta del Hidalgo,** der über eine zweite Wiesenkuppe eingeleitet wird, ist erfahrenen Wandern sehr zu empfehlen. Durch eine unvergleichliche Landschaft geht es hinab zur Küste. An senkrechten Wänden klebt oft der Steig, und es ergeben sich immer neue Blickpunkte. Rund 1 Std. 30 Min. muss man für die Route Chinamada – Punta del Hidalgo veranschlagen (siehe auch Seite 103).

Vom Kirchplatz sollte man unbedingt zum **Mirador de Aguaide** emporsteigen. Der Fahrweg rechts des Kirchleins verengt sich rasch zum Pfad, über natürliche Stufen geht es bergan. Dann verläuft die Route entlang des Hanges, und man wandert auf ein langgestrecktes Anwesen zu. Bald ist man oberhalb des Gehöftes und blickt auf einen Talboden mit Terrassenfeldern. In einem weiten Bogen führt der Pfad langsam hoch, wildromantisch wird die Landschaft. Auf einem Felsgipfel entdeckt man plötzlich eine Aussichtskanzel, und kurze Zeit später steht man auf dem Mirador de Aguaide. Atemberaubend ist der Blick vom Rande der Steilküste. Auf der einen Seite sieht man tief unten die Ebene am Meer mit der Ansiedlung Punta del Hidalgo; auf der anderen Bergseite beeindruckt eine einsame und noch völlig unberührte Schlucht. Gehzeit: 15 Minuten.

Nach der Besichtigung von Chinamada kehrt man wieder zum Ortsanfang zurück. Jetzt könnte man eine **neue Route nach Las Carboneras** ausprobieren. Statt der Autostraße zu folgen, auf der man hergekommen ist, biegt man nach rechts ab und wandert in Richtung „Las Escaleras". Sacht geht es bergan, und bald hat man auch einen schönen Rundblick über das weitgestreckte Moquinalgebiet. Durch Baumheide gelangt man zu einem kleinen Plateau. Von dort kann man die Route deutlich ausmachen. Als Höhenpfad ist sie in den Hang gekerbt.

Bei einer Weggabelung (30 Min.) hält man sich rechts, steigt einige Felsstufen hinab und wandert dann wieder eben voran. Jetzt ist man unterhalb eines Bauernhofes, der recht versteckt liegt und nicht mehr bewohnt wird. Nach kurzer Zeit kommt man zu einer Wegbiegung mit einem zweiten Bauernhof. Auch dieses ansehnliche Haus ist meist verschlossen; interessant sind die einstigen Höhlenställe, die unterhalb des kleinen Platzes angelegt wurden.

Von hier aus wendet man sich der anderen Bergseite zu. Bald sieht man eine idyllische Finca im Talgrund, zu der ein Wanderweg hinabführt. Doch wir bleiben weiterhin auf der Höhe und gehen links weiter. Der vorerst ebene Weg steigt bald an, über Felsstufen und Kehren geht es zum Aussichtspunkt **Las Escaleras** empor (50 Min.). Tief unten sieht man nun die Straße nach Las Carboneras. Auf einem Pfad am Hang wandert man darauf zu. Unterwegs öffnet sich ein schöner Blick auf das „Matterhorn" und das angrenzende Dorf Taborno. In Serpentinen geht es schließlich auf die Autostraße hinab, und dann liegen schon die ersten Häuser des Dorfes vor uns. In **Las Carboneras** endet die Route (1 Std.).

Wanderung von Punta del Hidalgo nach Chinamada

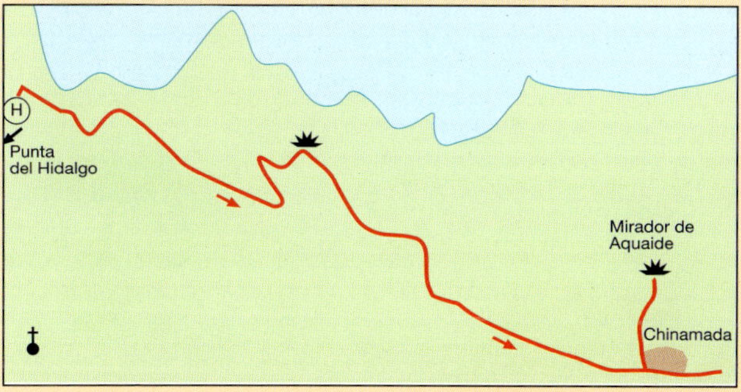

Ein sehr reizvoller, wenn auch etwas anstrengender Wanderweg führt vom Küstenort Punta del Hidalgo zum Bergdorf Chinamada empor. Ausgangspunkt ist die Endhaltestelle von Bus 105 (ab La Laguna).

Vom Rondell, das für Autofahrer auch das Ende der Straße signalisiert, geht es auf einem Fahrweg (Camino El Final) etwa 20 Meter bergab. Dann schwenkt man nach rechts auf die Chinamada-Route ein und wandert auf die Felsgruppe „Dos Hermanos" (Zwei Brüder) zu. Man passiert ein Haus und folgt dem rechten der beiden Fahrwege, die mit Ketten versperrt sind, um Autos fernzuhalten. In Serpentinen geht es in den Talgrund hinab, um eine Fabrikruine herum und dann nach rechts etwa 30 Meter über ein Geröllfeld. Jetzt sieht man links eine Reihe von grünen Pfeilen. Sie zeigen den Beginn des Wanderpfads an.

In Serpentinen steigt man empor, erreicht bald ein etwas flacheres Stück und folgt einer niedrigen Mauer. Eben bleibt der Weg nicht lange. Ein Felssteig führt entlang des Hanges stetig bergan. Er mündet in einen wunderschönen Höhenweg. Manchmal wirkt er wie eine Promenade, dann steigt er wieder an oder geht in Felsstufen über. Man umrundet eine Kuppe und wandert zu einem Berg mit zwei bizarren Gipfelfelsen empor. Hat man das kleine Plateau am Bergsaum erreicht, dann steht man oberhalb der Steilküste, die fast senkrecht zum Meer abfällt (50 Min.).

Wie eine Brücke erscheint der Bergsattel, über den man weiterwandert. Jetzt geht man auf eine neue Anhöhe zu. Wieder bietet sich ein herrlicher Ausblick. Nach einiger Zeit gelangt man zu Terrassen, die nicht mehr bewirtschaftet sind. Über Felsstufen steigt man noch einmal empor, dann nähert man sich allmählich dem bäuerlichen Bereich. Nun ist es nur noch ein kurzes Stück bis zu den weitverstreuten Häusern von Chinamada (1 Std. 30 Min.).

Zurück kehrt man auf der gleichen Route. Oder man wandert weiter nach Las Carboneras, auf direktem Weg entlang der Fahrstraße (40 Gehminuten) oder auf der schöneren Wanderroute über Las Escaleras (1 Gehstunde).

21 Auf uraltem Bergpfad zur Hauptstadt
Pico del Inglés – Barrio de la Alegría

Der Mirador „Pico del Inglés" ist der schönste Aussichtspunkt im Anaga-Gebirge. Fast alle Touristen, die entlang der Höhenstraße fahren, planen den kleinen Abstecher zur Spitze des Engländers ein. Die Autos parken an einer Schleife am Berg; von der vorgelagerten Kanzel bietet sich ein grandioser Rundblick. Er umfasst Gipfel, Täler und einsame Bauernhöfe, aber auch ein weites Stück der Küste und eine Andeutung des Hafens von Santa Cruz. Beim Pico del Inglés beginnt ein reizvoller Wanderweg. Er führt vom 1000 m hohen Felskamm bis hinab zum Meer, folgt einer Route, die schon vor Jahrhunderten angelegt wurde. Einst war sie ein vielbegangener Verbindungsweg zwischen den Dörfern des Berglands und der Hauptstadt, jetzt trifft man auf diesem Weg kaum einen Menschen. Das Ziel unserer Wanderung ist der Stadtteil der Freude (Barrio de la Alegría), ein Vorort von Santa Cruz.

Gehzeit: 2 Std. 45 Min.

Wegbeschreibung: Leichte Wanderung mit allmählichem Abstieg von rund 950 Höhenmetern.

Zufahrt: Mit dem Express-Bus 102 von Puerto de la Cruz nach La Laguna, jede halbe Stunde, Fahrzeit 30 Min.; von dort mit Bus 073 um 10.45 Uhr zum Pico del Inglés, Fahrzeit 30 Minuten. Auch andere Buslinien, die ins Anaga-Gebirge fahren, passieren den Pico del Inglés oder die Abzweigung an der Höhenstraße.

Wanderweg zum Pico del Inglés

Rückfahrt: Vom Barrio de la Alegría bestehen häufige Busverbindungen zur Hauptstadt Santa Cruz und zum Fischerort San Andrés (Teresitas-Strand). Von Santa Cruz nach Puerto de la Cruz → Fahrplan im Anhang.

Wegverlauf: Auf der Aussichtskanzel **Pico del Inglés** bekommt man einen ersten Eindruck des Gebiets, das man heute kennenlernen wird. Die Wanderroute beginnt links vom (geschlossenen) Restaurant, führt als schmaler Pfad in die Baumheide hinein und zieht erst steiler, dann sacht bergab. Nach einigen Minuten passiert man ein verlassenes Haus, und es geht auch wieder etwas steiler hinab. Wichtig ist, immer auf dem Hauptweg zu bleiben und sich von seitlich abzweigenden Pfaden nicht beirren zu lassen. Bei einer Lichtung (20 Min.) gabelt sich die Route, und man folgt dem mittleren Weg, der leicht bergan führt. Vom Hügelkamm ergeben sich schöne Ausblicke nach beiden Seiten. Am Hang entlang geht es weiter. Bald sieht man das Tal, das zu durchwandern ist. Als weitgestrecktes Plateau fällt es allmählich zum Meer hin ab; klar eingezeichnet ist der Verlauf des Weges.

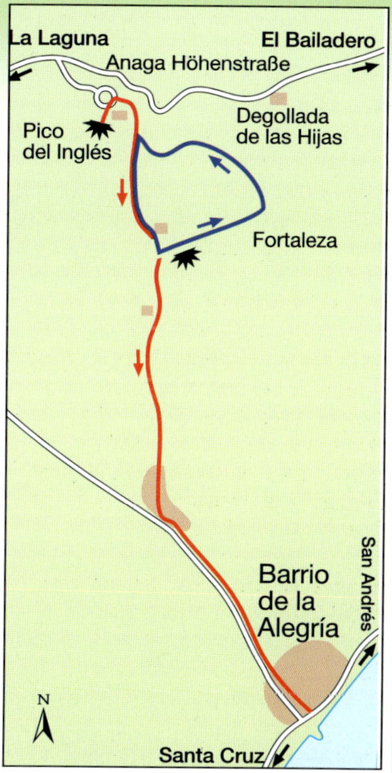

Über Serpentinen und Felsstufen erreicht man ein herrlich gelegenes Anwesen (40 Min.). Das Haus ist verlassen, der Garten verwildert. Auch ein Traumblick hat die Besitzer nicht abgehalten, sich anderswo eine weniger einsame Bleibe zu suchen. Wanderer könnten kein schöneres Fleckchen zum Rasten finden. Die steinerne Umfriedung des Gehöfts könnte als Bank dienen, und der einstige Dreschplatz wirkt wie eine vorgelagerte Terrasse. Unversehens fühlt man sich wie ein Hausherr auf Zeit. Der Weg zieht nun in Kehren weiter bergab. Er ist gut ausgebaut und nicht zu verfehlen. Hundegebell kündigt an, dass der nächste Bauernhof bewirtschaftet ist (50 Min.). Wie eine kleine Festung thront er über den Terrassenfelder. Unterhalb des Hauses verläuft die Route. Von hier führt auch ein Weg zur Degollada de las Hijas empor.

Nun öffnet sich eine besonders hübsche Landschaft. Eigenartig ist die Mischung von kargem Fels und lieblichem Grün; ein verwachsener Bachlauf schlängelt sich hindurch. Feigenkakteen säumen kleine Wiesenstücke, die wie Stufen ineinandergreifen. Ziegen weiden an halsbrecherisch anmutenden Abgründen, und fruchtbare Fleckchen sind von riesigen Steinwällen umgeben. Sie zeugen von den Mühen, die sich die Bewohner früher auferlegten. Schmal wird die Schlucht, in die man hineinwandert. Der Weg wechselt von einer Hangseite zur anderen. Doch so verlassen, wie es den Anschein hat, ist dieses Tal nicht. Ein paar winzige Höfe sind bewohnt, muten an wie Reminiszenzen aus einer versunkenen Welt. Wieder fühlt man sich fernab der Zivilisation, hineinversetzt in ein Bergland, das noch ganz unverletzt wirkt.

Aber jäh endet die wildromantische Kulisse (2 Std.). Man tritt hinaus in ein Tal, das geprägt ist von der modernen Zeit. Eine Ansiedlung klebt am Hang, den schönen Wanderweg löst eine Autotrasse ab. Jetzt beginnt ein Fußmarsch von rund 3 Kilometern. Man passiert Felder und Obstgärten, aber auch Tennisplätze, Lagerschuppen und Militärdepots. Am Ende des Tals erreicht man den Barrio de la Alegría, den Stadtteil der Freude. Dekorativ sind kleine Häuser an den Steilhang gebaut; ein neues Hochhausviertel entstand in der Ebene. Nun ist es nicht mehr weit bis zur Küstenstraße, die Santa Cruz und San Andrés miteinander verbindet (2 Std. 45 Min.).

Wer noch nicht müde ist, kann zu Fuß ins Zentrum von **Santa Cruz** weiterwandern (rund 2 Kilometer); es verkehren aber auch Stadtbusse und Taxis. Ein lohnender Abstecher führt in die entgegengesetzte Richtung, zum 5 km entfernten Küstenort **San Andrés.** Er ist bekannt für die vielen Fischlokale, und dort liegt auch der **Sandstrand Teresitas,** das künstlich angelegte Badeparadies der Hauptstadt. Häufige Busverbindungen zwischen Santa Cruz – Barrio de la Alegría – San Andrés.

Die Anaga-Höhenstraße zieht in zahlreichen Kurven entlang des Gebirgskamms

Der Teresitas-Strand bei San Andrés wurde mit Sahara-Sand und Palmen künstlich angelegt. Er ist das Badeparadies der Hauptstadt Santa Cruz

In wildromantischer Landschaft entstanden hübsche Dörfer

Rundwanderung beim Pico del Inglés

Gehzeit:
2 Stunden.

Wer mit dem Auto unterwegs ist und wieder an den Ausgangspunkt zurückkehren möchte, könnte vom **Pico del Inglés** aus eine wunderschöne Rundwanderung unternehmen. Man folgt der beschriebenen Route bis zu dem unbewohnten Bauernhof (40 Min.). Von dort wandert man aber nicht weiter bergab, sondern man betritt einen schmalen Pfad, der beim oberen Haus des Anwesens beginnt. Er zieht entlang des Hanges, und das Ziel scheinen die einfachen Gehöfte des benachbarten Höhenrückens zu sein. Aber vorher trifft man auf einen steinigen Weg (50 Min.). Ihm folgt man nach links bergan. Kurze Zeit später steht man auf einem Hügelkamm: **La Fortaleza.** An Feldern vorbei verläuft der vorerst ebene Weg. Später steigt er etwas an und führt auf einen Bergsattel zu (1 Std. 10 Min.).

Dort bietet sich ein überraschendes Bild. Zu Füßen liegt ein weitgestrecktes Tal, das mit zahlreichen Häusern besiedelt ist. Unterhalb einer imposanten Felswand geht es am Hang weiter. Man umgeht eine Schlucht und auch die Ortschaft im Tal, zu der von hier oben ein Serpentinenweg hinabführt. Wir bleiben auf dem Höhenweg, steigen nun stetig an und wandern bis zu einem Felseck empor. Ein letzter Blick gilt der tiefliegenden Ansiedlung, denn nun kommt man zu einem neuen Seitental. In Serpentinen geht es hoch, bis man auf einem ebenen Weg oberhalb der Schlucht anlangt. Nun ist es nur noch ein kurzer Anstieg bis zu der kleinen Lichtung, die man vom Hinweg kennt (1 Std. 40 Min.). Auf der vertrauten Route kommt man dann wieder zum **Pico del Inglés.**

Berühmte Kurven im Lorbeerwald

Casa Forestal – Vueltas de Taganana – Taganana – Almáciga

22

Taganana zählt zu den beliebtesten Ausflugszielen des Anaga-Gebirges. Der erstaunlich große Ort liegt am Nordabfall der Berge und verteilt sich über mehrere Hügelrücken. Eine kurvenreiche Zufahrt führt von der Höhenstraße herunter. Drei Gründe verlocken zu einem Besuch: die Pfarrkirche mit dem flämischen Triptychon aus dem 15. Jahrhundert, der ausgezeichnete Wein, der hier angebaut wird, und die Restaurants am schwarzen Sandstrand, wo man den frischen Fisch mit Blick auf Brandung und Felskulisse genießt. Die meisten Touristen fahren per Auto oder Reisebus an; passionierte Fußgänger können auf einer uralten und sehr schönen Strecke bergab wandern. Besonders im oberen Teil haben die Vueltas de Taganana einen ganz besonderen Reiz.

Wegbeschreibung: Leichte Wanderung mit allmählichem Abstieg von rund 700 Höhenmetern.

Zufahrt: Mit Mietauto oder Taxi zum Forsthaus (Casa Forestal) an der Höhenstraße, zwischen Cruz del Carmen und El Bailadero. Der Bus 077 fährt um 10.15 Uhr von La Laguna nach El Bailadero und passiert das Forsthaus (Casa Forestal).

Zurück zur Höhenstraße kehrt man per Taxi, oder man lässt sich von einem Ausflügler im Auto mitnehmen. Bus 246 von Almáciga/Taganana nach Santa Cruz → Fahrplan im Anhang. Dieser Bus fährt nicht am Forsthaus vorüber.

Wegverlauf: Die Wanderung beginnt beim **Forsthaus** und entpuppt

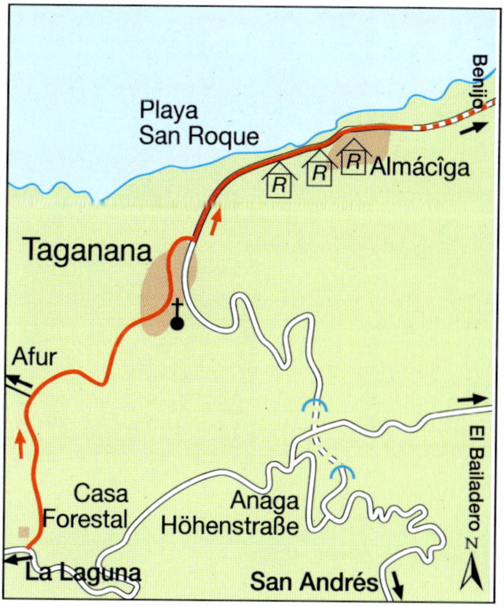

Gehzeit: 2 Std. 30 Min.

sich als schöne Promenade am Berg. Zuerst steigt man allerdings über rund 130 flache Naturstufen bergan. Dann kommt man zu einer kleinen Felshöhle, die einst als bescheidene Kapelle diente (5 Min.). Nun wird der Weg eben oder fällt leicht ab. Eine Weile bleibt man noch auf der Höhe, und bei einer Weggabelung hält man sich rechts (10 Min.). Nun geht es stetig bergab. Es beginnen die **Vueltas de Taganana,** weitgeschwungene Kurven, die einen stillen Märchenwald durchziehen. Ihn kennzeichnen Lorbeer- und Eukalyptusbäume, verschiedenartige Farne und zartbemooste Felsen.

Allmählich wird der Forst lichter, und man tritt hinaus ins offene Land (1 Std.). Entlang einer Felswand setzt sich der Weg fort, dann steigt man durch eine breite Schlucht hinab zur Küste. Terrassen säumen den Weg, sind eingefasst von Bergkämmen, die den Wind abhalten. Am Rand des Weges wächst der berühmte Wein. Riesige Findlinge sind in die Felder eingestreut, zeigen deutlich, wie viel Arbeit es kostete, diese Abhänge fruchtbar zu machen.

Taganana rückt nun immer näher in den Blick. Weiße Häuser schmiegen sich zwischen grüne Hügelkämme, und dahinter blinkt klarblau das Meer. Der sanft abfallende Hang erinnert an einen alpinen Park. Felspartien wechseln mit blühenden Wiesen; immer wieder kommt man an schönen Bäumen und Sträuchern vorüber. Bevor man die ersten Häuser des Küstenortes erreicht, biegt links eine Route nach Afur ab (1 Std. 15 Min.). Sie ist für diejenigen Ausflügler interessant, die Taganana schon kennen und in einem hübschen Rundkurs wieder zum Ausgangspunkt an der Höhenstraße zurückkehren möchten.

Beim Forsthaus (Casa Forestal) beginnen die Vueltas de Taganana, weitgeschwungene Kehren zur Küste

Palmen empfangen den Wanderer am Ortsrand von Tagana

Wir gehen geradeaus weiter und treffen nach kurzer Zeit auf die ersten Häuser von **Taganana** (1 Std. 25 Min.). Durch den hochgelegenen Ortsteil wandert man bergab (Camino Portugal) und steuert den hübschen Platz im Zentrum an (1 Std. 45 Min.). Nach dem Besuch der sehenswerten Pfarrkirche geht es weiter bergab, an Geschäften vorbei und entlang eines Pfades, der über eine Schlucht zur Autostraße nach **Almáciga** hinleitet (1 Std. 55 Min.). Sie führt sacht abfallend zur Küste. Etwa 2 Kilometer sind zu bewältigen, bis man die Häuser am Meer **(Roque de las Bodegas)** erreicht (2 Std. 30 Min.). Am dunklen Lavastrand haben sich typische Fischrestaurants angesiedelt. Mit Blick aufs Meer isst man Sama, Sargo oder Cherne mit Runzelkartoffeln und Mojosauce – und trinkt dazu den Wein von Taganana. Durchgangsverkehr ist nicht zu befürchten, denn die Autostraße führt nur bis zu den Nachbarorten Benijo und Draguillo.

Wer noch Zeit und Lust hat, sollte ein Stück nach Osten wandern. In Richtung Benijo ist die Landschaft still und unberührt, und man entdeckt auch einen netten Strand. Noch einsamer wird es, wenn man entlang der Küste weitergeht. Das kaum noch bewohnte Örtchen Draguillo kündigt den abgeschiedensten Teil der Anaga-Halbinsel an. Nur Fußgänger können diese Region erkunden (→ Vorschlag 26).

23 Spaziergang auf einen Felsgipfel
Parque Forestal Anaga – Chinobre

Der Aussichtspunkt El Bailadero kennzeichnet die Stelle, an der die Anaga-Höhenstraße einen Knick nach Süden macht. Im allgemeinen begnügen sich die Ausflügler mit dieser vorgegebenen Route und dringen fast nie in den östlichen Zipfel der Halbinsel vor. Er ist deshalb noch fast unberührt und ein besonders schönes Gebiet zum Wandern. Als beliebtes Ziel gilt der Parque Forestal Anaga, ein Rastplatz im Wald und ein Ausgangspunkt für reizvolle Touren. Von hier empfiehlt sich ein Aufstieg zur Felskuppe Chinobre. Dieser charakteristische Gipfel, an den sich wie ein Buckel der Wald anschließt, ist längst nicht so gefährlich, wie er aussieht. Im Gegenteil, so leicht und angenehm ist selten ein Berg zu erklimmen.

Gehzeit: Mit Rückweg 30 Minuten

Wegbeschreibung: Leichte Wanderung mit Auf- und Abstieg von rund 100 Höhenmetern, besonders schöner Ausblick auf die Nordseite des Anaga-Gebirges.

Zufahrt: Mit Mietauto oder Taxi auf der Anaga-Höhenstraße bis zum Aussichtspunkt und Restaurant El Bailadero, dann auf einer 4 km langen Nebenstraße zum Parque Forestal Anaga.

Der Bus 077 von La Laguna fährt nur bis El Bailadero, täglich um 10.15 Uhr. Der Bus 247 von Santa Cruz nach Chamorga passiert den Parque Forestal Anaga, aber er verkehrt zu sehr ungünstigen Zeiten → Fahrplan im Anhang.

Wegverlauf: Der Weg zum Chinobre beginnt beim **Parque Forestal Anaga** (Forstpark). Er verläuft zuerst oberhalb der Autostraße als breiter Fußweg, verengt sich aber nach rund 150 Metern zum Pfad. Im Schatten der Bäume wandert man beschaulich voran; kleine Erdstufen führen bequem empor. Mühelos gewinnt man Höhe, und Furcht kommt höchstens einmal auf, wenn für einen Augenblick die senkrecht ansteigende Felskanzel über den Köpfen erscheint.

Doch dann taucht man wieder ein in den Schatten der Bäume und vertraut auf die schöne Route, die in den Waldboden gekerbt ist. Über eine natürliche Treppe steigt man bergan, hat bald den Saum des Berges erreicht (10 Min.).

In einem Bogen wandert man ein Stück um die Kuppe. Bevor die schön angelegte Route bergab führt, biegt links ein schmaler Pfad ab. Noch einmal geht es gemächlich hoch. Kleine Kurven durchziehen den dicht bewachsenen Hang; die seitlichen Abgründe sind hinter einer grünen Wand verborgen. Ehe man sich versieht, ist man oben auf dem felsigen Plateau (910 m), das nach drei Seiten abfällt und einen wunderschönen Rundblick gewährt. Eine Viertelstunde hat man für den Aufstieg gebraucht, und nie kam der Gedanke auf, dass es anstrengend oder gar wagemutig war, den **Chinobre** zu bezwingen. Zurück kehrt man auf dem gleichen Weg, und wieder überrascht, wie mühelos diese Route zu begehen ist. Der charakteristische Aussichtsberg zählt deshalb zu den leichtesten und lohnendsten Abstechern für Autofahrer.

Den Spaziergang auf den Chinobre könnte man mit einer Wanderung zum Aussichtspunkt **Cabezo del Tejo** kombinieren. Dann geht man vom Gipfel bis zum Hauptpfad hinab (3 Min.) und kehrt dann nicht nach rechts zum Forstpark zurück, sondern biegt nach links ab und folgt der deutlichen Route. Sie führt durch ein schönes Waldgebiet, passiert den 806 m hohen Anambra-Felsen und erreicht nach etwa einer Gehstunde den Mirador. Vom Cabezo del Tejo können ausdauernde Wanderer zur Küste absteigen und über Draguillo und Benijo nach Almáciga weitergehen (noch einmal etwa 2 Gehstunden).

Von El Bailadero kann man auch eine nette Wanderung zum Forstpark machen. Dann geht man etwa 25 Minuten auf der Straße in Richtung Parque Forestal Anaga und biegt dann links auf einen schmalen Pfad mit der Bezeichnung **El Pijaral** ein. Durch ein reizvolles Waldgebiet und entlang eines Höhenwegs mit schönen Ausblicken gelangt man zum Forstpark (1 Std. 15 Min. ab El Bailadero, An- und Abstiege von knapp 200 Höhenmetern).

Blick auf die zerklüftete Küste des Anaga-Gebirges

24 Ein verlassenes Dorf am Berg

Bergfriedhof (Las Bodegas) – Las Casillas

Zwei reizvolle Ziele steuert man auf diesem Ausflug an: den idyllisch gelegenen Bergfriedhof bei Las Bodegas und das Dörfchen Las Casillas, das wie ein Felsennest am Steilhang klebt. Bis vor wenigen Jahren wohnten noch Bauern in dieser abgeschiedenen Gegend, aber nach und nach zogen sie alle weg. Ohne Zufahrtsstraße war ihnen das Leben zu mühsam. Manche der alten Bauerrnhöfe werden jetzt als Wochenendhäuser genützt. Auch Wanderer kommen gern in diese einsame Gegend. Das Anaga-Gebirge zeigt sich nämlich von einer besonders hübschen Seite, und außerdem lernt man eine Landschaft kennen, die noch sehr ursprünglich ist.

Gehzeit:
Mit Rückweg
1 Std. 30 Min.

Wegbeschreibung: Leichte Wanderung mit An- und Abstieg von rund 300 Höhenmetern

Zufahrt: Mit Mietauto oder Taxi auf der Anaga-Höhenstraße bis El Bailadero.

Von dort auf einer Nebenstraße über den Parque Forestal nach Las Bodegas/Bergfriedhof (knapp 9 Kilometer).

Bus 247 ab Santa Cruz passiert den Ausgangspunkt, leider zu sehr ungünstigen Zeiten, → Fahrplan im Anhang.

Wegverlauf: Die Wanderung nach Las Casillas beginnt bei der Straßenkurve, an der die Zufahrt zum Bergfriedhof Las Bodegas abzweigt (Sackgasse). Ein schmaler, etwas versteckter Pfad (Richtung Igueste) führt rechts in den Wald hinein. Im Zickzack geht es zu einem überwachsenen Bachbett hinab. Hat man die kleine Senke überquert, geht es am Hang weiter. Auf und ab verläuft die Route, doch sie ist klar vorgezeichnet. Unerwartet lieblich wird hier die Landschaft; Felder und Wiesen rahmen den Weg.

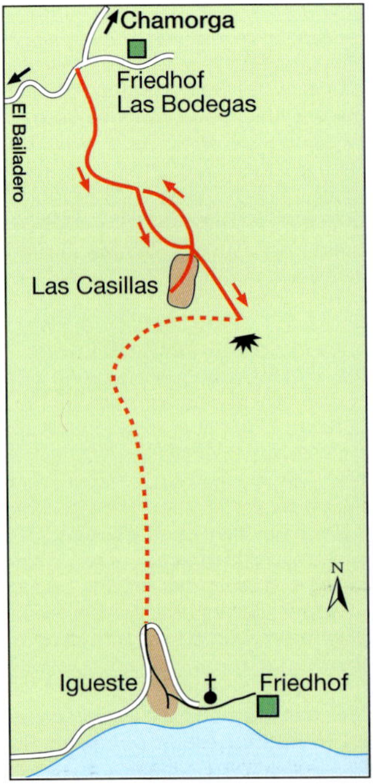

Bald geht es über einen felsigen Steig empor, und dann wandert man wieder eben am Hang entlang. Über eine Felsnase schwenkt man in eine neue Schlucht ein. Auch dort sind Terrassen angelegt, grünt und blüht es inmitten der Wildnis. Ein kleiner Bauernhof taucht auf; in einem Bogen wandert man daran vorbei und auf eine Felswand zu, über die nach Regentagen das Wasser herabströmt (15 Min.). Nun geht es wieder leicht bergan, und ein neuer Talkessel tut sich auf. Er zeigt eine wildromantische Variante dieses Gebiets, und man fühlt sich mitten in der Einsamkeit.

Langsam steigt der Pfad an. Er führt am Hang entlang durch die Baumheide; und später öffnen sich schöne Ausblicke. Bei einer Weggabelung (25 Min.) bleibt man rechts und geht über felsiges Gestein empor. Hat man den Bergkamm erreicht, folgt man ihm und wandert auf eine bewaldete Anhöhe zu. Hat man sie links umgangen, sieht man schon den Ort. **Las Casillas** wirkt wie eine kleine Festung. Die wenigen Häuser ducken sich in den Fels; der schmale Grat, der zu ihnen hinleitet, erinnert an eine Zugbrücke. Steil fallen die Hänge nach beiden Seiten ab. Tief unten liegt das Tal von Igueste.

Wenn man beim ersten Haus anlangt (35 Min.), sieht man rechts die alte Dorfstraße. Erhalten haben sich ein paar verfallene Gehöfte. Hinter Mauern verschanzt sind winzige Gärtchen, Unkraut überwuchert die Beete. Las Casillas ist ein totes Dorf. Geblieben sind nur Erinnerungen an eine gar nicht so ferne Zeit. Erst 1978 zog der letzte Bewohner von hier weg.

Es lohnt sich, ein Stück über Las Casillas hinauszuwandern. Unser Ziel ist eine höhergelegene Häusergruppe. Dort wurde ein Bauernhof wieder instandgesetzt und dient jetzt als Wochenenddomizil.

Die Route nach Igueste führt durch eine unberührte Landschaft. In Serpentinen geht es hinab und wieder hoch; entlang eines Bergrückens kommt man zu einem Plateau. Ein wunderschöner Blick zur Küste tut sich auf, und tief unten sieht man die weißen Häuser des Fischerorts. Der Abstieg nach Igueste ist passionierten Wanderern sehr zu empfehlen ($1^{1}/_{2}$ Gehstunden).

Verlassene Häuserzeile im Bergdorf Las Casillas

Wir begnügen uns mit dem Abstecher, der etwa eine halbe Gehstunde beansprucht, und kehren nach Las Casillas zurück. Von dort nehmen wir jetzt den unteren Weg, der vom Ortseingang ausgeht und als ebener Pfad durch Baumheide und Lorbeergewächs hindurchführt. Nach etwa 5 Minuten teilt sich die Wanderstrecke. Der obere Weg führt zu einem zeitweise bewohnten Bauernhof, wir folgen dem Weg, der leicht bergab weiterzieht. Nach weiteren 5 Minuten trifft man auf die Route, die man vom Hinweg kennt. Auf dem vertrauten Pfad kehrt man dann zum Ausgangspunkt zurück (35 Min. ab Las Casillas).

Im Anschluss an die Wanderung sollte man nicht versäumen, bis zum **Bergfriedhof von Las Bodegas** zu fahren oder zu wandern (rund 200 Meter). Er liegt auf einem kleinen Plateau oberhalb der Ansiedlung und sieht mit seinen weißen Mauern und dem Kapellchen sehr malerisch aus.

25 Almwiese in der Einsamkeit
Chamorga – Montaña Tafada

Die Bergdörfer La Cumbrilla und Chamorga sind jetzt von einer Straße erschlossen. In Ansätzen hat die moderne Zeit Einzug gehalten, aber die meisten Bewohner leben noch so beschaulich wie einst. Nur Saumpfade führen ins Bergland hinein, und auch die nahe Küste ist nur zu Fuß zu erreichen. Die Umgebung ist menschenleer geworden. Viele Gehöfte sind verlassen, und auf den Wegen trifft man höchstens Hirten. Wanderer kommen selten in diese abgeschiedene Landschaft, die wie eine Halbinsel im äußersten Osten Teneriffas liegt. Unberührtheit und Stille sind die Vorzüge dieses Gebiets, und wer ein Stück hinauswandert, entdeckt ein kleines Paradies.

Gehzeit: Mit Rückweg 2 Stunden

Wegbeschreibung: Mittelschwere Wanderung, An- und Abstieg von rund 300 Höhenmetern, gelegentlich etwas ausgesetzter Pfad.
Zufahrt: Mit dem Mietauto oder Taxi auf der Anaga-Höhenstraße bis El Bailadero, und dann auf einer Nebenstraße über den Parque Forestal Anaga und La Cumbrilla nach Chamorga (rund 12 Kilometer).

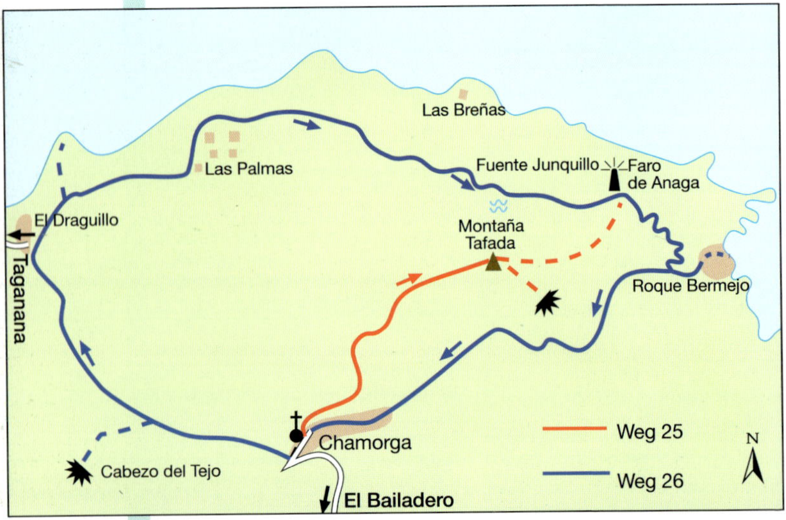

Bus 247 fährt von Santa Cruz nach Chamorga. Die Zeiten sind für Wanderer sehr ungünstig: Mo–Fr 5.00, 15.00 und 18.00 Uhr, Sa 7.30, 15.00 und 18.00 Uhr.

Die Rückkehr von Chamorga erfolgt Mo–Fr 6.15, 16.30 und 19.30 Uhr, Sa 8.50, 16.30 und 19.30 Uhr.

Keine Busverbindung am Sonntag.

Wegverlauf: Im Dorf Chamorga, das nur aus wenigen, weit verstreuten Häusern besteht, endet die Zufahrtsstraße. Vom Parkplatz (Bushaltestelle) geht man zu einem kleinen, von Palmen beschatteten Platz mit einem Kirchlein. Nun folgt man einer asphaltierten Trasse, die nach rund 200 Metern in einen einfachen Fahrweg mündet. Blickpunkt ist dort ein langgestrecktes, weißes Haus (Casa Alvaro, Kneipe und Laden). Links des Hauses biegt der Wanderweg ab und führt dann an der Rückseite vorüber. Am Hang entlang geht es stetig empor. Bald liegt der Ort spielzeugklein im Talgrund; die Felder sind zu winzigen Vierecken geworden. Kakteen, Ginster und Sonchus (überdimensionaler Löwenzahn) säumen den Weg. Erstes Etappenziel ist ein bizarrer Fels am Bergsattel (15 Min.).

Der Weg führt am Hang weiter und in das Nachbartal hinein. Bergab und eben verläuft die Route nur kurze Zeit, dann heißt es wieder emporsteigen (20 Min.). Die Landschaft wird immer einsamer, und der Pfad verengt sich manchmal zu einem Felsband. Eine neue Anhöhe stellt sich in den Weg. Darauf wandert man nun zu. Hat man die Kuppe umgangen (40 Min.), ist das Wanderziel schon in Sicht. Es ist der Bauernhof am Bergrücken, der so idyllisch aussieht wie ein Bild aus vergangenen Tagen.

An eine Alm erinnert die **Montaña Tafada** (45 Min.). Einst lebten Bauern auf der Hochfläche, aber jetzt ist es ganz einsam hier. Das Haus steht leer, und nur Hirten benutzen es gelegentlich als Unterschlupf. Wieder einmal fällt auf, wie herrlich all diese verlassenen Anwesen liegen. Mit dem Land scheinen sie verwachsen zu sein, und doch krönen sie die Hügel wie kleine Burgen.

Die Verlockung ist groß, gleich hierzubleiben. Die Terrassenfelder sind

Dorfplatz von Chamorga

Wanderweg von der Montaña Tafada zum Leuchtturm von Anaga

zu einer blühenden Bergwiese geworden, ein hübscheres Plätzchen zum Rasten lässt sich kaum finden. Sehr lohnend ist es allerdings, auf die Kuppe hinaufzuwandern, die sich hinter dem Haus hochtürmt. Zuerst führt der Weg rechts des Hügels zu einem Bergkamm. Von dort geht man auf die nächste Anhöhe zu. Jetzt fällt der Hang steil nach rechts ab, deshalb hält man sich links der Felsen und wandert entlang der sanfter geneigten Bergseite zu einem kleinen Plateau. Schon von hier ist der Ausblick bezaubernd. Noch umfassender wird die Sicht, wenn man bis zum äußersten Punkt vordringt. Zu Füßen liegt nun die gezackte Küstenlinie mit dem Leuchtturm von Anaga. Rund 20 Minuten muss man für diesen reizvollen Abstecher rechnen.

Zurück nach **Chamorga** kehrt man dann auf dem gleichen Weg.

Rückweg-Alternative:
Montaña Tafada – Leuchtturm – Chamorga
Gehzeit: 2 Stunden
Wer die Anstrengungen eines Abstiegs und Wiederanstiegs nicht fürchtet, kann von der **Montaña Tafada** auf einem reizvollen Rundweg nach Chamorga zurückkehren. Links des Gehöfts beginnt ein schmaler Pfad. Er führt am Hang entlang und später in Kurven auf die Küste zu. Unterwegs bieten sich schöne Ausblicke; tief unten entdeckt man dekorative Felsinseln im Meer. Später geht es um den Berg herum, und neue Bilder werden sichtbar. Der Leuchtturm taucht auf, und wie vorgezeichnet führt die Route darauf zu. Ein paar Serpentinen im Fels leiten zu einer bequemen Wegstrecke über. In großen Kehren und dann auf einem Hügelkamm in fast gerader Linie wandert man bergab. Der Pfad trifft auf die Wanderroute, die von Draguillo und Las Palmas herüberführt. Ihr folgt man nun bis zum **Faro de Anaga.** Vom Leuchtturm geht man in weiten Kurven bergab, bis man auf eine Weggabelung trifft. Jetzt hält man sich rechts und wandert auf einer abwechslungsreichen Route nach Chamorga empor. Der Wegverlauf ist beim Wandervorschlag 26 genau beschrieben. Zusätzlich einplanen kann man noch den halbstündigen Abstecher zum Fischerort Roque Bermejo.

Im äußersten Osten der Insel

Chamorga – Draguillo – Las Palmas – Faro de Anaga – Chamorga

26

Die Nordspitze Teneriffas steht nur den Fußgängern offen. Straßen und Forstwege greifen zwar in die einsame Bergwelt hinein, doch alle Dörfer und Küstenstriche haben sie längst nicht erreicht. Das macht vielleicht den besonderen Reiz dieser Landschaft aus. Noch blieb sie auf weite Strecken unberührt, ist die moderne Zeit kaum eingebrochen. Menschen trifft man selten an. Viele Bauernhöfe sind verlassen; die Felder wachsen zu. Die Bewohner, die ausharren, leben sehr bescheiden. Sie bepflanzen ihre schmalen Terrassen, treiben ihre Ziegenherden über die Hänge und halten die einfachen Häuser instand. Diese Tour ist nur Wanderern zu empfehlen, die gut zu Fuß sind. Es geht oft bergab und bergan, ebene Höhenpfade wechseln mit anstrengenden Teilstücken, und die relativ lange Strecke erfordert einige Ausdauer. Dafür ist der Weg gut angelegt, sehr abwechslungsreich und ungefährlich, auch wenn er manchmal an steilen Felswänden entlangführt. Hier zeigt sich das Anaga-Gebirge in vielfältigen Facetten.

Wegbeschreibung: Lange, aber reizvolle Wanderung mit vielen An- und Abstiegen.

Zufahrt: → Vorschlag 25.

Wegverlauf: Ausgangspunkt ist – wie bei Wanderung 25 – der kleine Dorfplatz von **Chamorga** mit dem Kirchlein. Nur geht man diesmal auf dem Weg mit Geländer bergan in Richtung Cabezo del Tejo. Nach etwa 60 Metern gabelt sich der Weg. Man steigt nicht rechts die Treppe hoch, sondern wandert geradeaus weiter. Die Route folgt dem Bach, wechselt zur linken Seite über und führt an verlassenen Gehöften vorbei. Entlang des Hangs geht es stetig durch den Wald empor. Ein Schild verweist auf die Abzweigung nach Cumbrilla, einem Dorf am Bergrücken (15 Min.).

Wir halten uns rechts und bleiben auf dem Weg zum Cabezo del Tejo. Nach einem ebenen Stück steigt der Pfad wieder an, und man kehrt zur rechten Bachseite zurück. Verwachsene Terrassenfelder tauchen auf (25 Min.); am oberen Rand überquert man das hübsche Tal. In Serpentinen

Gehzeit:
5 Stunden
ohne Abstecher

Verlassener Bauernhof im Anaga-Gebirge

Die einsame Fischersiedlung Roque Bermejo

Pfad, und man scheint direkt auf die Steilwand zuzuwandern. Später geht es in Serpentinen empor. Verlassene Gehöfte tauchen auf, dann geht es auf einen Taleinschnitt zu und wieder am Hang bergan. Tief unten in der Schlucht fließt der Bach, dem man sich allmählich nähert. Grün schimmert das Wasser; natürliche Becken gehen stufenweise ineinander über. Die Bergwände rücken näher heran, wildromantisch wird die Schlucht. Bizarre Felsen türmen sich hoch, und später kommt man an einer riesigen Aushöhlung vorüber (4 Std. 25 Min.).

Der Weg passt sich dem Gelände an und führt stetig empor. Leitlinie sind der Bach und die Schlucht. Bald ist das erste (verlassene) Haus von **Chamorga** in Sicht, doch immer noch geht es bergan. Allmählich kommt man in den Bereich der Felder. Wenn sich der Pfad zum Fahrweg verbreitert, zweigt nach 50 Metern ein Fußweg nach links ab und führt durch das langgestreckte Dorf. Im oberen Teil gabelt er sich bei einem weißen Haus. Die Stufen rechts führen zum Gasthaus „Casa Alvaro“, geradeaus geht es zu dem Platz mit dem Kirchlein, wo wir die Tour begonnen haben (5 Std.).

Variante:
Almáciga – Chamorga

Gehzeit: 4 1/2 Stunden.

Wer mit dem Bus anfährt, könnte als Ausgangspunkt auch Almáciga wählen.

Zufahrt: Mit Bus 246 von Santa Cruz, → Fahrplan im Anhang.

Wanderung entlang der Küste über Draguillo, Las Palmas, Faro de Anaga nach Chamorga.

Rückfahrt: Von Chamorga mit Bus 247, → Fahrplan im Anhang.

Weitere Wandermöglichkeiten

Im Bereich des Anaga-Gebirges lassen sich viele schöne Wanderungen unternehmen. Wer aufmerksam entlang der Höhenstraße fährt, sieht immer wieder Schilder am Weg, die auf ein Ausflugsziel hinweisen. Die ersten Ankündigungen beginnen im Mercedes-Wald. Neuankömmlinge sollten sich an die markierten Wege halten, die skizzenhafte Wanderkarte Anaga erleichtert die Orientierung.

Von El Bailadero nach Almáciga verläuft eine lohnende Route. Sie beginnt hinter dem Restaurant (Schild Taganana) und führt in Serpentinen durch den Wald. Bald tritt man aus dem Schatten der Bäume und überblickt einen sacht abfallenden Hang, der mit schönen Felspartien und blühenden Wiesen beeindruckt. Taganana scheint mit jedem Blick näher zu rücken, aber dann biegt man auf einen Pfad ein, der zum Nachbartal und nach Almáciga hinüberleitet (2 Gehstunden). Zufahrt mit Bus 077, → Fahrplan im Anhang; Rückfahrt von Almáciga nach Santa Cruz mit Bus 246. Dieser Bus fährt nicht am Ausgangspunkt Bailadero vorüber.

Taborno heißt der hochaufragende Felsgipfel, der entfernt an das berühmte Matterhorn erinnert, und Taborno ist auch der Name für die Ortschaft am Bergsaum. Dorthin führt eine asphaltierte, knapp 7 km lange Zufahrt, die von der Anaga-Höhenstraße abzweigt (→ Vorschlag 20, Chinamada). Eine halbstündige Wanderung eröffnet eine unerwartete Idylle. Beim hübschen Kirchplatz geht man rechts über Stufen empor und folgt der hübschen Promenade. Wenn sich der Weg gabelt, sollte man nicht zu den hochgelegenen Häusern emporsteigen, sondern geradeaus und etwas bergab gehen. Rasch kommt man zu einem wunderschönen Aussichtspunkt. Rund 10 Meter vor diesem Plateau führt eine Steintrasse bergab. Sie mündet in Stufen ein und passiert ein Anwesen oberhalb des Weges. Nach kurzer Zeit gelangt man zu einem kleinen „Wasserhaus" (15 Min.). Von hier kann man auf den Taborno-Kegel zuwandern, entlang an Felsgraten, Schluchten und schönen Aussichtspunkten, bis man ganz nahe an den markanten Berg herankommt. Der Fußweg verengt sich später zum Steig, und der Weiterweg ist nur trittsicheren und schwindelfreien Wanderern zu empfehlen.

Wer sich mit einem Spaziergang begnügt, biegt bei dem kleinen Wasserhaus links ab, steigt zu einem Erdpfad hinunter und folgt ihm entlang des steilen Hanges. Eindrucksvoll ist der Blick in die tiefen Schluchten, die zum Meer hinabreichen. Erst eben und später etwas ansteigend kehrt man in den Ort zurück. Die Route endet wieder beim Kirchplatz; allerdings betritt man ihn nun von der anderen Seite (15 Min. ab Wasserhaus). Zufahrt nach Taborno mit Bus 075 → Fahrplan im Anhang.

Das **Bergdorf Batan** ist ebenfalls mit dem Auto zu erreichen (Anaga-Höhenstraße bis zur Abzweigung Moquinal, dann 7 1/2 Kilometer). Wie eine Oase wirkt der abgeschiedene Winkel, der von vielen Bergrücken umgeben ist. Übereinandergetürmt sind die Häuser; Blickpunkt ist ein hübsches Kirchlein. Die meisten Ter-

Typische Häuser im einsamen Bergland

rassenfelder sind noch bebaut, riesige Orangenbäume fallen auf. Ein netter Fußweg führt zum höhergelegenen Weiler Tejias. Ausdauernde Wanderer können von Punta del Hidalgo nach Batan hinaufsteigen (2 Gehstunden). Zufahrt nach Batan mit Bus 074, → Fahrplan im Anhang.

Sehr malerisch gelegen: Der Friedhof von Igueste

Auch die **Südküste des Anaga-Gebirges** bietet eine Reihe von Ausflugszielen. Von San Andrés (Badestrand Teresitas und viele Fischlokale) führt eine kurvenreiche Autostraße zum abgeschiedenen Ort **Igueste.** 7 Kilometer geht es durch ein karges, felsiges Gebiet; unterwegs kann man noch einen Abstecher zum schwarzen Sandstrand Gaviotas machen. Die letzte Ansiedlung der Küste präsentiert sich als fruchtbares Tal inmitten der Steilhänge. Zu beiden Seiten einer Schlucht erstrecken sich die Häuser, und am Hang entdeckt man ein weißes Viereck im dunklen Gestein. Dies ist ein kleiner Friedhof, der mit seiner Blumenpracht und dem schönen Ausblick überrascht. Nur zu Fuß kann man ihn erreichen. Ausgangspunkt ist die Endhaltestelle von Bus 245 (→ Fahrplan im Anhang) bzw. die Kirche San Pedro am Ende der Straße. Von dort führt eine Promenade mit Stufen in zehn Gehminuten empor.

Wandergebiet Westliche Nordküste

Zwei Autostraßen führen von Puerto de la Cruz nach Westen: Die Schnellstraße entlang der Küste und eine schmale, kurvenreiche Landstraße am Berg. Beide Strecken treffen vor dem Städtchen Icod de los Vinos wieder zusammen. Dort halten viele Touristen an, um den bekannten Drachenbaum zu fotografieren. Manche fahren auch noch zur Badebucht San Marcos oder zum malerischen Nachbarort Garachico. Weiter nach Westen dringen nur wenige Autofahrer vor, denn die Straße nach Los Silos und Buenavista gilt als Sackgasse. Dies stimmt nur noch bedingt, denn über die Pässe des Teno-Gebirges kann man jetzt zur Südroute hinüberwechseln. Die westliche Nordküste ist vom Fremdenverkehr kaum berührt. Ein paar Appartementhäuser entstanden an den Stränden von Icod de los Vinos und Los Silos, die anderen Projekte sind über das Planungsstadium nicht hinausgekommen. Entdeckungsfreudige Ausflügler finden rund um Buenavista einige interessante Zielpunkte.

Ein beliebtes Fotomotiv: Drachenbaum und Palme von Icod de los Vinos, umgeben von historischen Wohngebäuden

27 Schwarzer Sandstrand und frischer Fisch
Icod de los Vinos – Playa San Marcos

In Icod de los Vinos scheint sich das touristische Interesse allein auf den Drachenbaum zu konzentrieren. 1000 Jahre werden ihm zugeschrieben, und sein mächtiger Stamm ist sicherlich beeindruckend. Sehr sehenswert ist aber auch die Altstadt, die nur wenige Schritte entfernt liegt. Auf einer Parkterrasse steht eine Kirche des 17. Jahrhunderts, den schönen Rahmen bilden Bürgerhäuser im traditionellen Stil. Ein netter Wanderweg führt vom hochgelegenen Ort hinab zur Bucht von San Marcos. Mit ihrer schroffen Felskulisse und dem feinen schwarzen Sand zählt sie zu den schönsten Badeplätzen der Insel. 1991 wurde der Strand neugestaltet und verschönert, und die einfachen Budenrestaurants verwandelten sich wie von Zauberhand in eine Reihe von schmucken Fischlokalen.

Gehzeit: 45 Min.

Wegbeschreibung: Leichte Wanderung mit allmählichem Abstieg von 250 Höhenmetern.

Zufahrt: Mit Bus 325 oder 363 von Puerto de la Cruz nach Icod de los Vinos, Fahrzeit 30 Minuten. Langwieriger, aber sehr reizvoll ist die Anfahrt entlang der Höhenstraße mit Bus 354. → Fahrplan im Anhang. Vom Busbahnhof geht man in 5 Minuten zum Drachenbaum und Ortszentrum empor.

Rückfahrt: Mit Bus 362 von der Playa San Marcos bis Icod de los Vinos jede Stunde, und von dort mit Bus 325 oder 363 nach Puerto de la Cruz, → Fahrplan im Anhang.

Wegverlauf: In **Icod de los Vinos** sollte man zuerst den berühmten Drachenbaum anschauen und dann auf die baumbestandene, typisch spanische Plaza emporsteigen und die hübsche Kirche besichtigen. Sehenswert sind der Altar, die kunstvolle Holzdecke und der Kirchenschatz mit dem 2 m hohen Kreuz aus mexikanischem Silber. Auf der Rückseite der Kirche (zum Meer hin) führt eine Treppe zur

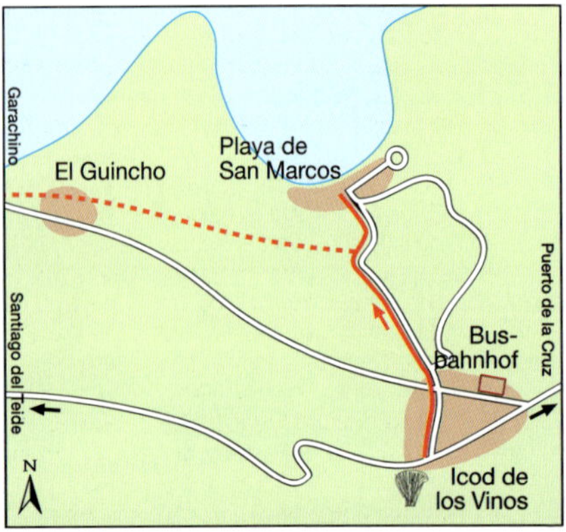

Ein kleiner Park umgibt die Kirche von Icod de los Vinos

Straße hinunter; über den Zebrastreifen gelangt man in die Calle Hercules. Steil geht es nun bergab zu einem Straßenrondell (15 Min.).

Dort betritt man aber nicht die vielbefahrene Autostraße zur Playa San Marcos, sondern man bleibt rund 100 Meter auf der höhergelegenen Zufahrt. Dann geht man nach links über Stufen hinab, überquert die Autostraße und folgt einer steinernen Trasse. Sie wird schon bald von einer modernen Schnellstraße durchschnitten. Die Fußgänger müssen nach links ausweichen und durch einen Tunnel hindurchgehen. Dann kehrt man wieder zur ursprünglichen Route zurück. Durch Terrassenfelder wandert man beschaulich bergab. Ein paar Häuser säumen den Weg, ihre Gärten sind hübsche Farbtupfer.

Eine einfache Fahrstraße kreuzt die Route (25 Min.), aber wir bleiben auf dem direkten Kurs. Steinerne Mauern umgürten die Bananenplantagen, das Meer rückt immer näher heran. Bald erreicht man ein Plateau. Es lohnt sich, bis zum äußersten Rand vorzugehen. Dort bietet sich ein umfassender Ausblick. Der schwarze Sandstrand liegt zu Füßen, eingefasst von Felsen und konzeptloser Architektur. Das schönste Plätzchen hat sich der spanische Club Nautico gesichert. Auf einem Felskap über der Bucht erblickt man ein repräsentatives Anwesen mit dekorativem Swimmingpool.

Der Weg ist gleichsam vorgezeichnet. Am Fuß einer Felswand verläuft er weiter bergab. Bald ist man im Bereich der Siedlung, die entlang des Hanges errichtet wurde. Man überquert die Autostraße und einen weitläufigen Parkplatz. Am unteren Ende kann man zur Küstenpromenade hinabgehen, entweder über eine Treppe mit rund 80 Stufen oder über einen

Appartementhäuser säumen die Bucht von San Marcos. Dennoch blieb der schwarze Sandstrand mit den Fischlokalen ein Ausflugsziel für Individualisten

asphaltierten Fußweg. Nun befindet man sich oberhalb des Strandes. Seine Vorzüge sind der feine schwarze Sand – und vor allem die Felsarme, die weit ins Meer hineinreichen. Sie bändigen die hohen Wellen des Atlantiks, so dass man gefahrlos schwimmen kann. Von der Promenade führen Treppen zur **Playa San Marcos** hinab (45 Min.). Sonnen, baden und essen heißt die Devise, denn hübsche Strandlokale verlocken mit überdeckten Terrassen und frischem Fisch.

Zwischen der Bucht von San Marcos und Icod de los Vinos bestehen stündliche Busverbindungen (bis 19.45 Uhr), so dass man sich den Aufstieg ersparen kann.

Die Wanderung lässt sich mit einem hübschen Abstecher erweitern. Dann biegt man auf halber Höhe, wenn die einfache Fahrstraße den Wanderweg kreuzt, auf diese Fahrstraße ein und folgt ihr in westlicher Richtung. Zwischen Bananenterrassen und Feldern geht es leicht bergab, an einem stattlichen Anwesen vorbei. Der Weg wird immer beschaulicher. Ein paar verlassene Gehöfte tauchen auf, betonen die Stille dieses Küstenstriches. Bald ist der Weiler **El Guincho** erreicht. In einem Halbkreis umgehen wir den unteren Ortsteil und gelangen bequem zur Autostraße (Gehzeit: 30 Min.). Zurück kehrt man entweder zu Fuß oder per Bus. Unermüdliche können gleich noch einen Ausflug zum 3 km entfernten **Garachico** anhängen. Aber dorthin kommt man nur auf der Autostraße oder per Bus.

Auf den Spuren eines Vulkans

Las Arenas Negras – Volcán Garachico

28

von Icod die 82 hoch in die Berge, →

Garachico ist ein besonders hübsch gelegener Ort. Wie ein Halbkreis stößt er ins Meer vor, ein zerklüfteter Küstenstreifen ist vorgelagert. Die erstaunlichen Konturen erinnern an den schlimmsten Tag der Ortsgeschichte. Im Mai 1706 brach am Rande der Cañadas ein Vulkan aus. Ein breiter Feuerstrom wälzte sich zu Tal, begrub erst das Dorf El Tanque und stürzte dann auf Garachico herab. Fast alle Häuser wurden zerstört, eine blühende Stadt versank unter Schutt. Auf den Lavamassen erhob sich bald ein neuer Ort, aber seine frühere Bedeutung als Handelsplatz und Hafen hat er nie mehr erreicht. Auf den Spuren des Vulkans kann man eine interessante Wanderung machen. Allerdings muss man sich dann ins Bergland begeben.

→ dann Abzweig La Vega/La Motañeta

Wegbeschreibung: Leichte Wanderung auf 1000 Höhenmetern, kleine An- und Abstiege.

Zufahrt: Mit Bus 325 oder 363 von Puerto de la Cruz nach Icod de los Vinos, Fahrzeit 30 Minuten, und von dort mit Bus 360 nach La Motañeta/San Francisco, → Fahrplan im Anhang.

Auf Anfrage kann man sich noch 800 Meter in Richtung San José de los Llanos mitnehmen und bei der

Gehzeit: Rundweg ab Picknickgelände 2 Std.

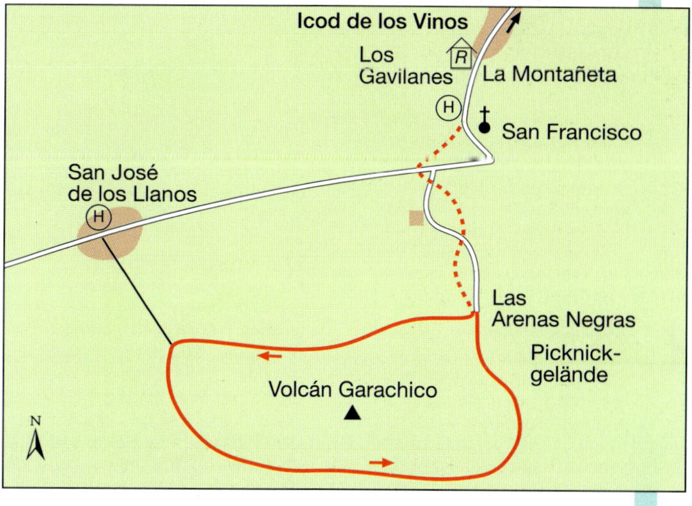

Abzweigung nach Las Arenas Negras absetzen lassen.

Mit Mietauto oder Taxi kann man auf einem Forstweg bis zum Picknickgelände Las Arenas Negras fahren (2,2 km ab Abzweigung).

Rückfahrt: Los LLanos/San Francisco mit Bus 360; und von Icod de los Vinos nach Puerto de la Cruz mit Bus 325 oder 363, → Fahrplan im Anhang.

Wegverlauf: Für diese Wanderung gibt es drei Ausgangspunkte:

Kapelle San Francisco oberhalb des Weilers Montañeta

Die Autostraße beschreibt hier eine große Kurve nach links. Die knapp 1 km lange Strecke zur Abzweigung „Arenas Negras" kann man durch einen Fußweg verkürzen. Gegenüber der Kapelle, also auf der anderen Straßenseite bei der Steinsäule „Ermita" führt ein schmaler Pfad ziemlich steil bergan. Er verbreitert sich später und trifft auf einen Forstweg, der von unten heraufführt (15 Min.). Ihm folgt man das kurze Stück bis zur Straße. Wenn man dort nach links blickt, sieht man in etwa 100 Meter Entfernung den gelben Pfeil, der zur Zona Recreativa Arenas Negras hinweist. Wir überqueren die Straße und entdecken dort einen Weg, der in den Wald hineinführt und sich nach etwa 80 Metern mit einem zweiten Weg vereint. Wenige Minuten später trifft man auf die Forststraße (20 Min.). Man wechselt auf die andere Seite und geht geradeaus weiter (→ Ausgangspunkt 2).

X Spaziergang

Abzweigung von der Autostraße

Von der Autostraße La Montañeta – San José de los Llanos biegt (knapp 1 km nach San Francisco) ein sacht ansteigender Forstweg nach links ab. Er ist mit dem Hinweisschild „Las Arenas Negras" gekennzeichnet. Autofahrer können ihren Wagen hier parken oder auf der Zufahrt bis zum Picknickgelände emporfahren. Die 2,2 Kilometer lange Strecke hat viele Kurven und führt auch an einer kleinen Unterkunftshütte vorüber.

Wanderer gehen auf dieser Forststraße nur wenige Gehminuten empor. Dann treffen sie auf einen Querweg. Auf der Route, die rechts einmündet, sind die Fußgänger von San Francisco heraufgekommen (→ Ausgangspunkt 1). Nun biegt man nach links auf die Fortsetzung dieses Weges ab. Markantes Kennzeichen sind die drei Kiefern, die aus einem Stamm herauszuwachsen scheinen (Steinsäule „Los Tres Pinos").

Ziemlich geradlinig geht es voran. Wenn sich der Weg teilt, muss man unbedingt nach rechts wandern. Langsam aber stetig gewinnt man Höhe. Bald stößt man auf die Forststraße (12 Min.). Ihr folgt man etwa 100 Meter nach links empor. Nach der Kurve zweigt der Wanderweg wieder ab. Er wird schmaler, durchzieht mehrere Lichtungen und kommt auch an einer Böschung aus Lavafelsen vorüber. Doch man bleibt im Waldgebiet, bis der Pfad wieder in die Forststraße mündet. Nun ist es nicht mehr weit bis zu einem riesigen Platz, auf dem an Wochenenden viele Autos parken. Dahinter liegt das ausgedehnte Picknickgelände und ein Spielgrund für Kinder (Gehzeit: 30 Min.).

Las Arenas Negras

Dieses Gebiet verdankt seinen Namen (Schwarzer Sand) der weitgestreckten Hochfläche, die noch etwas höher liegt. Dort hat man ein Ferienlager für Jugendgruppen angelegt, und im Sommer ersteht ein Dorf aus Zelten. Seit 1990 gibt es am Rande des Plateaus eine Reihe von Holzhäuschen. Sie werden von der Stadtverwaltung Garachico vermietet.

Rechts des Picknickplatzes beginnt die Wanderroute. Eine hölzerne Schranke (Schild: Campamento Arenas Negras) bezeichnet den Weg, der aus dem Wald in eine Wüstenlandschaft emporführt (5 Min.). Man durchquert das riesige **Feriengelände Las Arenas Negras** und wandert dann – sich etwas rechts haltend – auf den Höhenrücken zu. Man folgt dem Saum des Berges und durchquert ein Aschengelände, in dem der Weg nur zu ahnen ist. Wenn sich am Ende des Plateaus eine Talmulde ankündigt, erblickt man den Pfad, der jetzt deutlich in den Boden eingekerbt ist (15 Min.).

Auf halber Höhe verläuft er am Hang. Unser Ziel ist der einst so feurige Strom, der auf Garachico hinunterfloss. Die Lavawellen sind zu kleinen Schluchten erstarrt, und der Weg führt geradlinig darüber hinweg. Ist die letzte Hürde bezwungen, liegt vor uns ein weites Areal, das mit jungen Kiefern aufgeforstet ist. Noch einmal geht es durch Lavagestein; und in der Ferne entdeckt man die Häuser von San José de los Llanos (50 Min.).

Durch eine Schneise wandert man nun in den Wald hinein und ein Stück geradeaus weiter. Dann hält man sich halblinks, durchquert den Forst und

Ein Kranz von Laub- und Kieferwäldern umgibt das Hochplateau der Cañadas. Blickpunkt ist der 3718 m hohe, meist schneebedeckte Teide

steuert die Wasserleitung an, die sich deutlich am dunklen Hang abzeichnet. Manchmal ist sie schwer zu erkennen, weil der Wind schwarzen Sand darübergeweht hat. Jetzt hat man den Eindruck, dass man geradewegs auf den majestätischen Teide-Gipfel zuwandert (1 Std. 10 Min.).

Das so nah wirkende, meist schneebedeckte Bergmassiv ist ein reizvoller Kontrast zum schwarzen **Vulkan Garachico,** der sich als Aschenberg links hochtürmt. Der Aufstieg ist nicht mehr erlaubt, wie ein Schild bei der gemauerten Steinsäule verkündet. Auf einer ebenen Trasse unterhalb der Wasserleitung wandert man auf den Saum der Bäume zu. Dort wandelt sich die vorgezeichnete Route zum schönen Forstweg (1 Std. 30 Min.). In großen Kehren durchzieht er den Kiefernwald. Bei einer Wegkreuzung hält man sich links, und eine Viertelstunde später kommt das Picknickgelände in Sicht. An schönen Sonntagen finden sich viele Einheimische ein, und es macht Spaß, die vielköpfigen Familien beim Grillen, Schmausen und Trinken zu beobachten (2 Std. bis zum Parkplatz).

Für den Forstweg nach San Francisco/La Montañeta muss man noch eine weitere halbe Gehstunde einplanen.

Als Wanderziel könnte man auch den Ort **San José de los Llanos** ansteuern. Dann hält man sich 55 Minuten lang an die oben beschriebene Route, bis man auf den Forstweg im Wald trifft. Ihm folgt man in nördlicher Richtung (nach rechts), wandert durch den Wald bergab und erreicht nach etwa einer Viertelstunde das Ortszentrum.

Garachio wurde vom Vulkanausbruch 1709 verschüttet und auf den Lavamassen neu aufgebaut

Für Aussteiger und Entdecker

Erjos (Dorf) – Los Silos

29

Manch reizvolle Landschaft entdeckt man erst auf den zweiten Blick. Nicht weil sie so verborgen liegt, sondern weil sie bei flüchtigem Hinsehen keine Besonderheiten zu bieten scheint. Dies gilt zum Beispiel für die Gegend zwischen Teno-Gebirge und Nordküste. Niemand würde vermuten, dass sich vom hochgelegenen Dorf Erjos eine wunderschöne Schlucht in die Ebene von Los Silos hinunterzieht. Bergrücken schützen den fruchtbaren Talgrund; üppiger Wald, verwachsene Terrassenfelder und bizarre Felswände säumen die Route. Früher lebten Bauern in dieser abgeschiedenen Idylle, aber jetzt sind die meisten Gehöfte verlassen. Manchmal siedeln sich Aussteiger für eine Weile an, doch es ist anstrengend, hier zu leben. Nur ein Fußweg schafft die Verbindung zur Zivilisation; gelegentlich kommen auch ein paar Wanderer in diesen einsamen Winkel.

Wegebeschreibung: Leichte Wanderung; Abstieg von rund 900 Höhenmetern.

Zufahrt: Mit Bus 325 von Puerto de la Cruz zum Dorf Erjos, Fahrzeit 1 Stunde. Oder mit Bus 363 von Puerto de la Cruz nach Icod de los Vinos, jede Stunde, Fahrzeit 30 Minuten; von dort mit Bus 460 zum Dorf Erjos, Fahrzeit 40 Minuten, → Fahrplan im Anhang.

Rückfahrt: Von Los Silos nach Puerto de la Cruz mit Bus 363 jede Stunde, Fahrzeit: 1 Stunde.

Wegverlauf: Die Autostraße von Icod de los Vinos nach Santiago del Teide passiert das

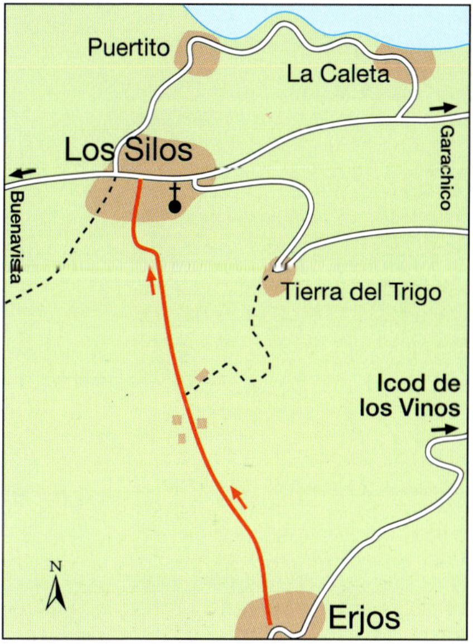

Gehzeit: 2 Std. 30 Min.

Dorf Erjos, das auf 980 Höhenmetern angesiedelt ist. Im Zentrum (beim Telefon nahe der Bushaltestelle) führen 13 Stufen zum Kirchlein hinab. Dort biegt man nicht auf die beiden rechts abzweigenden Straßen ein, sondern geht noch etwa 100 Meter geradeaus weiter und wandert dann nach rechts bis zum Ende der Häuserzeile. Die Ortsstraße mündet in einen Pfad, der in Serpentinen in die Schlucht hinunterleitet. Etwas später entdeckt man rechts noch ein Haus, dann taucht man in die Einsamkeit ein (10 Min.). Langsam und stetig geht es bergab. Bei einer Weggabelung (13 Min.) hält man sich rechts und wandert zwischen den Steinmauern weiter. Später passiert man ein kleines Wiesenplateau, und der steinige Weg wandelt sich zu einem bequemen Weg. Bald öffnet sich ein Blick aufs Meer.

Nach 20 Minuten gabelt sich der Weg. Rechts führt ein Fahrweg hoch. Wir bleiben auf der direkten Route. Grün überwucherte Terrassen säumen den Weg, doch bald wird die Landschaft wieder urwüchsiger. Gelb blühender Ginster (Codeso) und weiß blühende Besensträucher (Escobón) bestimmen das Bild. Der Weg ist gelegentlich ein wenig verwachsen, doch immer deutlich auszumachen. Später wird er wieder steiniger und schlängelt sich in einen üppigen „Regenwald" hinein (25 Min.). Dekorativ wirkt der alte, offene Wasserkanal; und später sieht man auch die moderne Variante, ein dünnes, schmuckloses Rohr.

Nach 40 Minuten wird der Wald zusehends lichter, und der Weg verbreitert sich. Auf den einstigen Terrassenfeldern wachsen jetzt Bäume und Sträucher, und es geht steiler bergab. Als Orientierung dient immer wieder die Wasserleitung. In der Einsamkeit tauchen plötzlich Gehöfte auf. Sie sehen verfallen aus, aber einige sind noch bewohnt. Ein paar Aussteiger haben sich hier ein Refugium geschaffen. Sie leben alternativ und ohne Komfort; kleine Gärten sind den verwilderten Feldern abgetrotzt. Eine Abzweigung nach rechts (1 Std. 20 Min.) führt zu Häusern hoch am Hang (und in rund einer Gehstunde zum Dorf Tierra del Trigo).

Wir bleiben allerdings auf dem Weg, der uns weiter bergab leitet. Als Überraschung kommt jetzt eine wildromantische Strecke; der untere Teil der Schlucht ist der interessanteste Abschnitt des Weges. Der Pfad ist in den Steilhang eingekerbt und führt in Serpentinen in den Talgrund hinab (1 Std. 40 Min.). Bald weitet sich der Blick, und man sieht die Küstenlinie mit den Hochhäusern. Noch immer geht es stetig bergab, dann hat man das Bauernland erreicht. Die ersten Häuser von Los Silos kommen in Sicht (2 Std.).

Durch Orangen- und Bananenplantagen wandert man auf den Ort zu. Der Pfad hat sich zum einfachen Fahrweg verbreitert; entlang des Bachbetts verläuft die Route. Später wechselt man auf die rechte Seite hinüber (2 Std. 15 Min.). Wenn es ein bisschen aufwärts geht (hinter einem Wasserrohr und etwa 30 Meter vor einem Haus) muss man aufpassen, denn jetzt muss man nach links abbiegen.

Durch einen flachen Graben verläuft nun die Route. Sie trifft bald auf eine Autotrasse, die sich nach kurzer Zeit zur Asphaltstraße wandelt. Durch die Calle Susana gelangt man zur Kirche und dem hübschen Ortsplatz von **Los Silos** (2 Std. 30 Min.). Dort ist auch die Haltestelle für den Bus nach Icod de los Vinos und Puerto de la Cruz.

Interessant ist es auch, die **Küste von Los Silos** kennenzulernen. Am Ortsende (hinter der Tankstelle) biegt rechts eine 2 km lange Zufahrt zur Siedlung Puertito ab. Dort entstanden vor Jahren die Hochhäuser Sibora und Daute sowie ein schöngelegenes Meerwasserschwimmbad. Zu den meist von Deutschen bewohnten Appartements gesellten sich 1987 Reihenhäuschen im spanischen Stil, die vornehmlich von Engländern erworben wurden. Gastronomische Treffpunkte sind die typischen Fischrestaurants an der Küste.

Entlang der schwarzen Lavaküste kann man kilometerweit wandern. Nach Westen erstreckt sich ein weitläufiges und sehr karges Gelände; nach Osten zieht eine schmale Asphaltstraße am Ufer entlang. Sie passiert eine kleine, nostalgisch anmutende Fabrikanlage, in der einst Zuckerrohr verarbeitet wurde, und führt dann an Bananenfeldern vorüber zum 2 km entfernten Örtchen **Caleta de Interian.** Die Straßen tragen so poetische Namen wie Sonne, Mond oder Licht und bilden ein wahres Labyrinth für den Autofahrer. Fußballfreunde können im Fischlokal „Mundial" alle 24 Mannschaften der Weltmeisterschaft 1982 auf Fotos bewundern; weitere Restaurants befinden sich am anderen Ortsende.

Von Caleta de Interian kann man in wenigen Gehminuten zur Autostraße Los Silos – Garachico emporgehen und dort in den Linienbus einsteigen (Haltestelle, einige Restaurants).

Das schön gestaltete Meerwasserschwimmbad von Los Silos im Ortsteil Puertito

Weitere Wandermöglichkeiten an der westlichen Nordküste

Garachico *zählt zu den schönsten Orten Teneriffas. Die ungewöhnliche Lage geht auf einen Vulkanausbruch im Jahr 1706 zurück, als Lavamassen den blühenden Handelshafen begruben. Auf den Spuren dieses Vulkans kann man eine interessante Wanderung machen (→ Wandervorschlag 28). Sehr lohnend ist aber auch ein Besuch des Küstenstädtchens, das im 18. Jahrhundert neu erbaut wurde und seine typische Atmosphäre bewahrt hat. Enge Gassen und malerische Plätze laden zum Erkunden ein. Sehr reizvoll ist auch ein Spaziergang entlang der Uferpromenade. Zwischen den Lavafelsen entdeckt man hübsche Badeplätze, und ein Blickpunkt am Meer ist die kleine Festung, die von der Katastrophe verschont blieb. An der Küste gibt es eine Reihe von Restaurants; begrenzt ist die Auswahl an Übernachtungsmöglichkeiten. Das elegante Hotel San Roque bietet modernen Komfort in einem alten Herrenhaus (Calle Estebán de Ponte 32); preiswerter, aber ebenfalls stilecht wohnt man bei der Schweizerin Regula Glauser, die auch eine Tauchschule leitet (Calle Estebán de Ponte 8). Das grandiose Ortspanorama sieht man besonders eindrucksvoll von der Höhenstraße; der Mirador de Garachico (Restaurant) ist ein beliebter Aussichtspunkt auf der Route Icod de los Vinos – Santiago del Teide.*

Garachico ist ein typisches Städtchen des 18. Jahrhunderts

Zwischen den Lavafelsen entdeckt man hübsche Badebuchten

Die kleine Festung am Meer überstand den Vulkanausbruch

__Buenavista__ ist der letzte Ort der Nordküste. Bananenfelder fassen ihn ein, vielfach gezackt ist die Uferlinie. Es lohnt sich, die hübsche Plaza mit der Kirche anzuschauen und dann zum Friedhof hinabzugehen. Von dort kann man auf einem Fahrweg durch die Bananenfelder wandern und bis zur Steilküste vordringen. Dort bietet sich ein schöner Ausblick. Entlang einer wildromantischen Bucht führt ein Pfad zu einer zweiten Bucht, die sich als Naturhafen entpuppt. Jenseits der Schlucht entdeckt man ein Kirchlein (mit Rückweg 1 Std.).

Nur wenige Stellen eignen sich hier zum Baden. Am bekanntesten ist die __Playa de las Arenas.__ Etwa 1 Kilometer hinter Buenavista (in Richtung Leuchtturm von Teno) zweigt die Zufahrt ab. Sie führt hinab zum schwarzen Sandstrand (1,5 km), der ausgebaut wurde. Dennoch lädt er eher zum Sonnen als zum Schwimmen ein. Entlang der Küste kann man in Richtung Buenavista wandern, und es gibt auch Möglichkeiten zur Einkehr. Am Ende der Zufahrtsstraße überrascht ein Restaurant in futuristischer Architektur, das oberhalb der Steilküste angesiedelt ist. Eine moderne Schwimmbadanlage grenzt an.

Etwa 1,5 Kilometer nach der Abzweigung zur Playa steht links neben der Straße ein großer Wasserbehälter. Von dort führt ein steiler __Felspfad nach Teno Alto__ empor. Über den sogenannten Risco erreicht man das einsame Bergdorf. Für erfahrene Wanderer, die schwindelfrei sein sollten, ist dies eine reizvolle Herausforderung (3 Gehstunden).

Die Weiterfahrt zur __Westküste__ scheint sehr verlockend. Bei Regen oder Wind ist sie allerdings nicht erlaubt; ein großes Schild weist auf die Gefahren hin. Senkrecht steigen die Felswände an; eingekerbt ist die Straße. Sie windet sich hoch zu einem weithin sichtbaren Einschnitt, der wie ein Tor die Lavamauer durchbricht. Eine Aussichtsplattform, der __Mirador de Don Pompeyo,__ ist dort angelegt.

Etwa 5 Kilometer kann man noch weiterfahren. Gut ausgebaut wurde die Straße, und ein Tunnel durchstößt das unwegsamste Stück. Dann kommt man zu einem weitgestreckten Plateau. Auf den ersten Blick wirkt es karg und öde. Doch Tomatenfelder sind eingefügt; ein Gutshof mit üppig bewachsenem Garten wirkt wie eine Oase. Den äußersten Punkt markiert der __Leuchtturm von Teno.__ Er steht auf einem Lavahügel, der dem flachen Land vorgelagert ist. Die Südküste, auf die man schaut, ist hier durch steile Felsmassive geprägt. Wie Schiffsspitzen scheinen sie ins Was-

ser vorzustoßen. Oft sind sie eingehüllt in leichten Dunst; fast immer wölbt sich ein blauer Himmel darüber. Das Meer ist auf dieser Seite wesentlich ruhiger, nur in bescheidenen Wellen gischtet die Brandung heran. In der kleinen Bucht entdeckt man oft Fischerboote.

Die sogenannten Kandelaber-Kakteen sind eigentlich Wolfsmilchgewächse und weit verbreitet

VI Wandergebiet Teno-Gebirge

Abseits der Autostraße blieb die Landschaft weitgehend unberührt

Am Teno-Gebirge fahren die meisten Touristen vorüber. Das ist verständlich, denn dieses Felsmassiv liegt abseits der Durchgangsstraße. Steil ragen die Gipfel empor, und wildzerklüftet wirken Bergwände und Schluchten. Noch vor wenigen Jahren führten nur Maultierpfade zu den abgeschiedenen Dörfern. Inzwischen wurde eine ganze Reihe von Fahrwegen angelegt. In vielen Kurven durchziehen sie die Hänge und verbinden auch die beiden „Einfallstore" Santiago del Teide und Buenavista. Wie abwechslungsreich das Gebiet ist, entdecken die Fußgänger. Sie können stundenlang durch einsame Landschaften wandern und sich viele lohnende Ziele vornehmen. Noch sind viele Routen nicht markiert. Hält man sich aber an die vorgeschlagenen Strecken, ist ein Verirren kaum möglich. Im Teno-Gebirge ist das Wetter recht wechselhaft, und oft hängen tiefliegende Wolken über den Felsregionen. Bei Nebel sollte man die Bergrouten meiden und sich an die Randgebiete halten. Die Hänge zum Süden sind fast immer begehbar.

Ein Dorf aus dem Bilderbuch
Masca in verschiedenen Varianten

30

Wer das Bergdorf Masca zum ersten Mal erblickt, fragt unwillkürlich, warum sich Menschen in diesem einsamen Winkel niederließen. Senkrechte Felswände umschließen einen tiefen Krater; in den Talgrund ducken sich die winzigen Häuser. Jahrhundertelang konnte man nur zu Fuß oder Maultier dorthin vordringen, und ganz selten kamen Wanderer in das „Dorf aus der Steinzeit“. Die 1980 angelegte Straße hat das Bild verändert. Jetzt ist Masca zum Geheimtip geworden. Ausflügler wagen die kurvenreiche Autofahrt – oder schließen sich einer geführten Exkursion an. Die Anfahrt erfolgt von Santiago del Teide im Süden oder Buenavista im Norden. Reizvoll ist es, beide Pass-Straßen kennenzulernen.

Zufahrt: Mit Bus 363 von Puerto de la Cruz nach Buenavista, Fahrzeit 1 Stunde 15 Minuten. Von dort mit Bus 355 nach Masca um 9.30, 14.15 und 15.45 Uhr oder mit Bus 325 nach Santiago del Teide von Puerto de la Cruz oder Los Gigantes. Mit Bus 460 von Playa de las Américas. Von dort mit Bus 355 nach Masca um 10.35 und 16.55 Uhr. Der Bus nach Masca verkehrt nicht am Samstag und Sonntag.→ Fahrplan im Anhang.

Wer mit dem Mietauto nach Masca fährt, sollte möglichst früh ankommen, denn die Parkplätze sind rasch überfüllt.

Rückfahrt: Von Masca nach Buenavista um 10.55, 15.00 und 17.15, nach Santiago del Teide um 10.05 und 16.15 Uhr. (Bus 355 verkehrt nicht am Samstag und Sonntag). Weiter von Buenavista oder Santiago del Teide → Fahrplan im Anhang.

Wegbeschreibung:
Die meisten Autotouristen steuern Masca von **Santiago del Teide** (900 m) an. Gegenüber der Kirche, die mit ihren weißen Kuppeln wie eine Moschee aussieht, zweigt die Zufahrt ab. Zur Bergstraße ausgebaut,

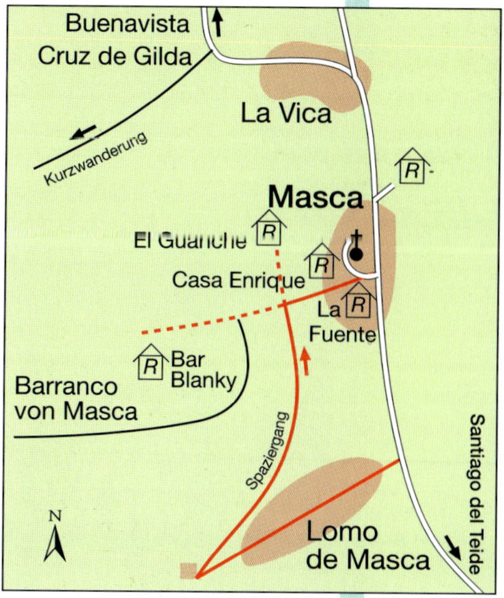

windet sie sich in Serpentinen zum Pass **Degollada de Cherfe** (1020 m, 1,4 km) empor. Hat man die Höhe überquert, bietet sich ein Anblick von unbeschreiblicher Schönheit. Bizarre Felsspitzen reihen sich aneinander, Schluchten sind wie mit dem Messer eingeschnitten. Und tief unten im Bergkessel entdeckt man ein malerisches Dorf: **Masca** (600 m, 5 km).

Die Straße, die hinabführt, ist umsäumt von gelb und rot blühender Tabaiba, einem Wolfsmilchgewächs, das an winzige Drachenbäume erinnert. Später mischen sich Ginster und stachelige Feigenkakteen dazwischen, und etwas tiefer wachsen die Mandelbäume, die bereits im Januar zu blühen beginnen. In weitgeschwungenen Kurven nähert man sich dem üppig bewachsenen Talgrund. Wie hingewürfelt wirken die drei Ortsteile von Masca, die sich deutlich voneinander abheben.

Lomo de Masca heißt die erste Ansiedlung. Sie klammert sich an einen kleinen Hügel; in mehreren Etagen sind die Häuschen übereinandergeschachtelt. Viele stehen leer, denn ihre Bewohner sind nach Venezuela ausgewandert und dort wohlhabend geworden. Die Fahrstraße führt nun weiter zum **Zentrum von Masca.** Eine grüne Oase tut sich auf. Palmen und Orangenbäume beschatten die Felder; über dem kleinen Ortsplatz wölbt sich ein riesiger Lorbeerbaum. Ein Kirchlein ist der romantische Blickpunkt; und typische Lokale verlocken zur Einkehr.

Jenseits einer Schlucht liegt der dritte Ortsteil **La Vica** (oft auch El Turrón genannt). In einer weiten Kehre verläuft die Straße, durchzieht eine besonders fruchtbare und sehr hübsche Landschaft. Von Felswänden umschirmt und künstlich bewässert, scheint hier alles besonders gut zu gedeihen: Kartoffeln, Gemüse und viele exotische Früchte. Unzählige Terrassen überziehen den Hang; die einfachen Häuser sind noch alle bewohnt.

Von La Vica kann man über eine sehr kurvenreiche Bergstraße zur Nordküste fahren. Die Route bezwingt ebenfalls einen steilen Pass und führt durch das Tal von **Las Portelas** und **El Palmar** nach **Buenavista hinab** (15 km). Von dort kann man noch einen Abstecher zum Leuchtturm von Teno machen oder über Los Silos und Garachico direkt nach Icod de los Vinos fahren.

Viele Aussichtspunkte laden zum Verweilen ein

Wanderung von Las Portelas nach Masca

Der schönste Wanderweg nach Masca beginnt in **Las Portelas.** Vom Ortsende (Bushaltestelle) folgt man rund 2 Kilometer der Autostraße nach Masca. Etwa 100 Meter nach einem Loch im Felshang sieht man rechts die Steinsäule **Martin Bay** (30 Min.). Sie signalisiert, dass kurz vorher nach links ein deutlich erkennbarer Pfad den Hang emporzieht. Zuerst scheint man in Richtung Las Portelas zu wandern, doch später geht es in Serpentinen bergan. Durch ein Baumheidewäldchen führt die Route; dann hat man einen Höhenweg erreicht. Nun wandert man in Richtung Masca und kommt bald zu dem herrlichen Aussichtsplatz **La Cancela** (45 Min.).

Hier ist ein Kreuzungspunkt verschiedener Wanderwege. Nach rechts geht es zur Anhöhe Tabaiba, nach links zum Cumbre Bolico. Wir bleiben auf dem Höhenweg entlang des Hanges. Weit reicht der Blick über Berge und Schluchten, und es offenbaren sich immer neue Facetten des Teno-Gebirges. Tief unten im Tal sieht man die Ortschaft Carrizal. Beschaulich geht es bergab, später säumen bizarre Felsen unsere Route, und es wird auch ein wenig steiler. Am Wegrand wachsen Feigenkakteen, Tabaiba-Bäumchen und Dachwurz-Rosetten. Nun geht es zur Passhöhe **Cruz de Gilda** hinab (1 Std. 15 Min.).

Dort trifft man wieder auf die Straße nach Masca, die von hier einen weiten Bogen nach rechts beschreibt. Die Wanderer halten sich links und nehmen die asphaltierte Zufahrt, die zu einem einzelstehenden Gehöft hinführt. Auf dieser Straße bleibt man aber nur wenige Minuten. Dann biegt nach rechts ein Fußweg ab, den die Bewohner von Masca in früherer Zeit benützten. Es geht am Hang entlang, unterhalb des Gehöftes vorbei und danach stärker bergab. Nun hat man einen schönen Blick auf die Fahrstraße, die eine riesige Kurve beschreibt. In Serpentinen wandert man auf **La Vica**, den hochgelegenen Ortsteil von Masca zu. Der Fußweg mündet in die gepflasterte Dorfstraße, und sie führt geradewegs zur Autoroute nach **Masca**. Auf dieser Straße wandert man nun auf das Ortszentrum zu. (2 Std.).

Die schönste Kurzwanderung

verläuft oberhalb von Masca. Sie beginnt bei der **Cruz de Gilda,** der Passhöhe auf der Straße nach Las Portelas (etwa 2,5 km nach dem Zentrum). Dort wandert man – von Masca kommend – links auf den Bergrücken zu, entweder entlang einer einfachen Fahrstraße oder eines steiler ansteigenden Fußwegs. Beide Routen treffen nach kurzer Zeit zusammen. Man passiert ein kleines, eingezäuntes Grundstück mit einem Fernsehmast, und danach verbreitert sich die Straße zu einem Sandfeld. An seinem Ende beginnt ein Pfad, der – auf der Masca zugewandten Seite – am Berghang verläuft. Auf einem gutausgebauten Steig geht es langsam hoch. Nach einigen Gehminuten wendet man sich der anderen Bergseite zu, wandert nun mit Blick auf das Meer. Ein fast alpines Felsband führt zu einem wunderschönen Aussichtspunkt. Nun wird die Route zu einem Felsgrat mit senkrecht abfallenden Wänden. Nur bergerfahrene Wanderer sollten von dort noch weitergehen. Gehzeit mit Rückweg: 45 Minuten

Da an der Cruz de Gilda der Wanderweg Las Portelas – Masca vorüberzieht, lässt sich dieser kleine Abstecher auch hier leicht eingliedern (→ Vorschlag Seite 143).

Autofahrer auf der Strecke Las Portelas - Masca sollten auf jeden Fall anhalten und ein Stück auf dieser Route entlangwandern. Schon ein kurzer Fußweg belohnt mit schönen Ausblicken.

Im bizarren Teno-Gebirge gibt es eine moderne Autostraße und viele alte Saumpfade für Wanderer

Der bizarre Felsdurchbruch zählt zu den imposantesten Bildern von Teneriffa

Die Schlucht von Masca

ist eine Verlockung für geübte Wanderer. Steile Bergwände rahmen ein wildromantisches Tal, das immer enger wird, je näher man zur Küste kommt. Die Landschaft beeindruckt mit einer interessanten Vegetation, bizarren Felspartien und herrlichen Ausblicken. Ein abwechslungsreicher Pfad führt von 600 Höhenmetern hinab zum Meer, und gelegentlich muss man auch Gesteinsbarrieren überwinden. Die Route beginnt im Ortszentrum. Am Kirchplatz vorbei führt sie bergab und stößt auf den Querweg, der von Lomo de Masca herüberleitet. Noch ein Stückchen geht es voran, auf den markanten Felssporn zu. Dann biegt nach links ein Pfad ab. 2 Holzpfosten und ein Hinweisschild markieren den Einstieg in die Schlucht. Je tiefer man kommt, desto wildromantischer wird die Landschaft. Die Felswände rücken ganz nahe heran, und fast eine Überraschung ist der kleine Strand, den man nach 2 1/2 Gehstunden erreicht. Die reizvolle Bucht ist eingerahmt von Steilhängen; entlang des Ufers gibt es weder Weg noch Steg. Ideal ist es, mit dem Boot nach Los Gigantes zu fahren und die Tour in diesem hübschen Ferienort zu beenden.

Die Kombination Wanderung und Bootsfahrt haben mehrere Bergführer in ihrem Programm. Wenn sich keine Mitfahrgelegenheit ergibt, muss man auf gleicher Route wieder nach Masca zurückkehren. Für den Wiederaufstieg sind rund 3 Gehstunden zu veranschlagen.

31 Traumroute für Bergwanderer

Degollada de Cherfe – La Cabezada – Finca de Guergues

Hochalpin könnte man die Route nennen, die oberhalb von Masca über die Bergkämme führt. Ein Felsband passt sich dem bizarren Gestein an, unbeschreiblich schön ist der Ausblick ins Tal. Die ansässigen Bauern haben diesen Steig angelegt und kunstvoll befestigt. Sie brauchten ihn, um zu ihren entlegenen Gehöften zu gelangen. Jetzt wird der Weg nur noch gelegentlich von Hirten benützt, und auch ein paar Wanderer haben ihn ausfindig gemacht. Sie schätzen die abwechslungsreiche Route und die grandiose Landschaft, die zu entdecken ist.

Gehzeit: Mit Rückweg 3 Std. 30 Min.

Wegbeschreibung: Mittelschwere Wanderung, An- und Abstiege von rund 500 Höhenmetern.

Zufahrt: Am besten mit Mietwagen bis zur Passhöhe Degollada de Cherfe (1,4 km von Santiago del Teide) oder bis zum Ausgangspunkt in Richtung Masca (4. Haarnadelkurve, 2,1 km). Autofahrer sollten etwa 100 Meter vorher auf dem kleinen Platz parken.

Mit Bus 325 von Puerto de la Cruz oder Los Gigantes und mit Bus 460 von Playa de las Américas nach Santiago del Teide, von dort Weiterfahrt mit Bus 355 in Richtung Masca, → Fahrplan im Anhang. Von Santiago del Teide kann man natürlich auch zu Fuß zum Ausgangspunkt wandern. Gehzeit: 45 Minuten.

Rückfahrt: → Fahrplan.

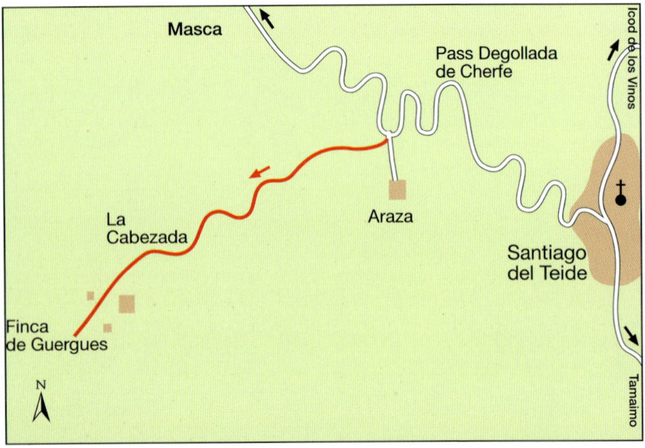

Die gut befestigte Route begeistert mit eindrucksvollen Ausblicken

Wegverlauf: Ausgangspunkt ist die 4. Haarnadelkurve unterhalb der Passhöhe **Degollada de Cherfe.** In der Kurve beginnt ein einfacher Fahrweg, der am Hang entlang zu dem einzelstehenden Gehöft **Araza** hinführt. (Privatweg, Durchgang verboten). Wanderer nehmen den Pfad, der rechts daneben beginnt und an einem Hügelchen entlangzieht. Bald biegt er nach links ab und führt leicht bergab. Steinmännchen und rote Farbmarkierungen erleichtern die Orientierung. In Kurven geht es auf ein kleines Plateau hinab. Links oben erblickt man das Gehöft Araza; wir halten uns rechts.

Zuerst kommt man zu einem kleinen Vorberg (10 Min.), entlang des Hanges wandert man auf einen bizarren Höhenrücken zu. Auf dem Sattel hat man einen überwältigenden Blick nach beiden Seiten. Tief unten im Talkessel erkennt man die drei Ortsteile von Masca. Die Wanderroute führt nun links des Hanges bergauf. Sie wirkt wie ein romantischer Saumpfad aus dem Mittelalter. Es muss unsägliche Mühe gekostet haben, dieses steinerne Band auf dem Fels zu verankern. Für Ewigkeiten scheint der Steig gemacht zu sein. Auch die Landschaft ist von besonderem Reiz, überrascht mit phantastischen Formen und Farben. Der Blick ist den einsamen Gipfeln und Schluchten zugewandt, zeigt das Teno-Gebirge in einer neuen Perspektive. Fast spielerisch gewinnt man Höhe, Felsbrücken schaffen problemlose Übergänge. Wichtig ist, sich immer links des Bergrückens zu halten. Gele-

Der romantische Saumpfad führt zu verlassenen Gehöften auf dem Berg

gentlich geht es entlang des Kammes, und es ergeben sich schöne Ausblicke in den Talkessel von Masca.

Nach 35 Minuten passiert man eine Höhle, die den Hirten als Schutz dient. Bei schlechtem Wetter hört man sie manchmal nach ihren Ziegen rufen. Bald danach betritt man ein Felsband, das zu zwei Bergspitzen hinleitet. Sie sind nach rechts geneigt, scheinen vom Wind gebeugt zu sein. Ein kleines Plateau, das wie ein Adlernest wirkt, leitet die nächste Wegetappe ein. Eine steinerne Spur führt über die Höhen; wildromantisch wird die Kulisse. Allmählich ersteht das Panorama der Küste (1 Std.).

Der Pfad führt bergab und bergan, kleine Schluchten erzwingen immer neue Kehren. Dann liegt der Gipfel vor uns. Entlang einer Felswand wandert man auf die bizarre Spitze zu. Oben angelangt, bietet sich ein unerwartetes Bild. Eine Hochfläche breitet sich aus; einige Häuschen markieren die verlassene Ansiedlung **La Cabezada.** Die Terrassenfelder sind überwachsen, zeigen den Wandel der Zeit. Das Bauernland ist zur Wiese geworden; die Wildnis bricht wieder ein. Jetzt sind es die Wanderer, die diesen idyllischen Platz neu beleben (1 Std. 50 Min.).

Wer noch nicht müde ist, sollte noch ein Stück weitergehen. Ein schöner alter Dreschplatz ist zu entdecken, und der Ausblick wird noch umfassender. In der Ferne, etwas tiefer gelegen, befinden sich weitere unbewohnte Behausungen. Der Wanderweg, der zur verlassenen **Finca de Guergues** hinleitet, beginnt unterhalb des Dreschplatzes und führt entlang der Hochfläche stetig bergab. Für den Abstecher muss man etwa eine Gehstunde veranschlagen.

Zurück zum Ausgangspunkt kehrt man auf demselben Weg. Dass sich bisher unbemerkte Reize offenbaren, ist der veränderten Blickrichtung zuzuschreiben. Wieder wird uns bewusst, dass wir hier wohl die schönste Route des Teno-Gebirges beschreiten. Eine Warnung sei allerdings ausgesprochen. Diese Tour ist nur bei klarer Sicht zu empfehlen; kündigt sich ein Schlechtwettereinbruch an, sollte man unverzüglich umkehren.

Aussichtsweg zum Hochplateau

Tabaiba-Pass (Mirador de Baracán) – Teno Alto

32

Diese Wanderung, die auf einem sehr schönen Felspfad über die Bergrücken führt, zählt zu den reizvollsten Routen des Teno-Gebirges. Herrscht klares Wetter und verfügt der Ausflügler über genügend Bergerfahrung, um eine verlorengegangene Spur wiederzufinden, dann kann er diese Tour gefahrlos unternehmen. Die Wanderstrecke ist meist deutlich erkennbar, gut befestigt und beansprucht auch keine bergsteigerischen Fähigkeiten. Herrliche Ausblicke zeigen die fruchtbaren Terrassen im Nordosten und den schroffen Talgrund im Südwesten. Einen größeren Gegensatz kann man sich kaum vorstellen. Das Ziel der Wanderung ist das Bergdorf Teno Alto, eine Ansiedlung fernab vom Tourismus.

Wegbeschreibung: Mittelschwere Wanderung, An- und Abstiege von rund 500 Höhenmetern.

Zufahrt: Mit Bus 363 von Puerto de la Cruz nach Buenavista, Fahrzeit 1 Stunde 15 Minuten; von dort mit Bus 355 bis zum Tabaiba-Pass. Oder man nimmt Bus 366 bis zur Endhaltestelle von Las Portelas und wandert dann auf der Straße nach Masca bis zum Ausgangspunkt (40 Gehminuten), → Fahrplan im Anhang.

Mit dem Auto fährt man entweder über Buenavista nach Las Portelas und weiter in Richtung Masca bis zum Parkplatz beim Tabaiba-Pass (etwa 3 Kilometer nach Las Portelas). Möglich ist natürlich auch die Anfahrt über Santiago del Teide und Masca. Den Tabaiba-Pass erreicht man etwa 5 Kilometer nach dem Ortszentrum von Masca.

Wegverlauf: Auf der Straße, die von Las Portelas nach Masca hinaufführt, muss man auf eine Kurve achten, die nach gut 3 Kilometern erreicht wird. Auf dem **Tabaiba-Pass** kann man das Auto parken, und auch die Ausflugsbusse machen hier einen Stopp. Vom angrenzenden Plateau hat man nämlich einen herrlichen Ausblick. Rechts liegt das breite, üppig bewachsene El-Palmar-Tal und links die

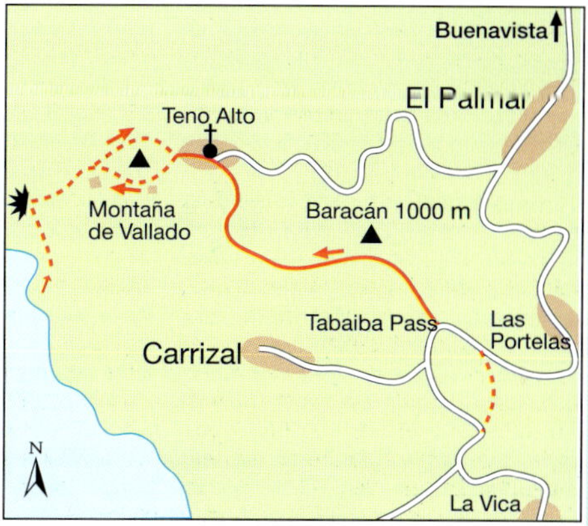

Gehzeit: Mit Rückweg 3 Stunden

An den Berghängen wurden einst viele Terrassen für die Landwirtschaft angelegt

wildromantische Schlucht von Carrizal.

Etwa 200 Meter geht man auf einen Höhenrücken zu. Dort darf man sich nicht links halten, sondern man wandert rechts weiter. Der Pfad folgt dem Hang an der El-Palmar-Seite und steigt dann in Serpentinen an. 5 Minuten später wechselt man zur Carrizal-Seite über und geht weiter bergan. Doch bald ändert sich wieder die Blickrichtung, und El Palmar liegt zu Füßen.

Als Orientierung dient der Bergkamm Baracán, auf den man zuschreitet. Meist hat man eine unbehinderte Sicht; es gibt aber auch idyllische Strecken im Schatten zahlreicher Sträucher. Nach 15 Minuten kommt man zu einem Felsrücken. Dort hält man sich nicht links, wie man vermuten könnte, sondern geht einen schmalen Wiesenpfad hinab (rechts). Rasch steigt der Weg jedoch wieder an. Viele Blumen und Pflanzen sind zu entdecken: Zistrosen, Berglavendel, Dachwurz-Rosetten und der überdimensionale Löwenzahn (Sonchus). Später verdichtet sich die Baumheide zu einem kleinen Wald, und ein Weilchen geht es eben am Hang entlang und auch ein Stückchen bergab. Dann steigt man wieder über Serpentinen und Felsstufen hoch.

Leitlinie ist der **Baracán,** der zweitwichtigste Berg des Teno-Massivs. Den Aufstieg sollten aber nur Wagemutige einplanen. Die Wanderer bleiben unterhalb der 1000 m hohen Kuppe und begnügen sich mit dem Ausblick auf die zerschrundenen Steilhänge der Schlucht. Tief unten sind die Häuser des Örtchens Carrizal Bajo zu entdecken. Terrassen im Fels dokumentieren den Fleiß seiner Bewohner.

Hat man den Bergsaum erreicht (25 Min.), geht es links eben weiter. Doch bald muss man wieder emporwandern. Ein Felseck eröffnet neue Bilder der Landschaft; das Meer rückt näher heran. Bei einem Bergsattel (45 Min.) hat man einen herrlichen Blick nach beiden Seiten. Bei klarem Wetter ist die Insel Gomera sehr schön zu sehen. Nun hält man sich leicht links und wandert weiter am Hang entlang. Die Route führt wieder bergan, wird felsiger, alpiner.

Ein Bergrücken leitet die nächste Wegetappe ein; durch ein Dickicht von Baumheide zieht der Weg. Er passiert einen Aussichtsplatz (1 Std.) und führt entlang des Kammes weiter. Nun kann man auch die entferntere Insel La Palma entdecken. Später wechselt man auf die linke Seite eines Hügels. Terrassenfelder tauchen auf, der Weg wird breiter. Es ist eine einsame, unberührte Landschaft, die man durchquert. Grüne Hänge breiten sich wie Wellen aus; zwischen Bauernland und Felsen verläuft die Route.

Eine Überraschung steht bevor (1 Std. 15 Min.). Man wandert in einen Wald, der ganz unwirklich anmutet. Die Kulisse könnte einem Märchenfilm entstammen, und die Bezeichnung „Zauberwäldchen" ist durchaus zutreffend. Rotbraune Felsen kündigen das Hochtal an (1 Std. 20 Min.). Es erinnert an ein karges Almgelände; eingestreut sind ein paar Bauernhöfe. Bei dem ersten, langgestreckten Haus trifft man auf einen Fahrweg und folgt ihm nach rechts. Man wandert auf eine Gruppe von alten Häuschen zu (Las Casitas) und biegt dann nach links ab. In großen Kehren geht es bergab, und bald liegt das Bergdorf vor uns (1 Std. 30 Min.).

Teno Alto wirkt manchmal recht abweisend. Rau ist das Klima auf dem 700 m hohen Plateau; meist fegt der Wind über die steinumgrenzten Terrassen. Viele Bewohner sind weggezogen, weil ihnen das Leben zu mühselig wurde. Die meisten Felder sind zu Weiden geworden; es lohnt sich nicht mehr, sie zu bestellen. Bei der Kirche hat man 1986 einen hübschen Dorfplatz angelegt; nahebei gibt es zwei einfache Schenken.

Die Umgebung von Teno Alto hat einen herben Reiz. Nur selten trifft man einen Menschen. Im Vergleich zu Masca, das zum beliebten Ausflugsziel geworden ist, erlebt man hier noch die Stille einer touristisch unberührten Landschaft. Dieser Eindruck verstärkt sich, wenn man auf den Berghügel zugeht, in den auffällige Terrassen eingeschnitten sind. Entlang der Montaña de Vallado gelangt man zu einem ausgedehnten, sacht geneigten Plateau. Karge Felder breiten sich aus; weit verstreut sind die Bauernhöfe. Mehrere Wege stehen zur Auswahl; sie führen alle zum Rand der Hochfläche. Dort fallen die Hänge steil zur Küste ab. Zu Füßen liegt nun der äußerste Westen der Insel – und der Leuchturm von Teno. Rund 2 Gehstunden (mit Rückweg) muss man für diese Entdeckungstour aufwenden.

Die Wanderer kehren meist auf demselben Weg von Teno Alto zum Tabaiba-Pass zurück. Wer die Tour in Las Portelas begonnen hat, kann auch nach El Palmar hinunterwandern (rund 2 Stunden). Erfahrene Bergwanderer, die nicht an den Ausgangspunkt gebunden sind, können auch über den sogenannten „Risco" (Felsgrat) zur Küste absteigen. Den steilen Pfad benützten die Einheimischen, als es noch keine Straße gab. Die Route trifft bei einem großen Wasserreservoir auf die Autostraße, 2,5 Kilometer westlich von Buenavista. Gehzeit: 2 Stunden.

33 Zwei sehr unterschiedliche Gipfel
Der „große“ und der „kleine“ Gala

Zwei Berggipfel symbolisieren die so verschiedenartige Entwicklung einer Landschaft. Der „große“ Gala, die höchste Erhebung des Teno-Gebirges (1320 m), ist von der Technik vereinnahmt worden. Auf der einst romantischen Bergwiese steht jetzt eine Fernmeldestation, und nur der angrenzende Felsvorsprung lässt noch erkennen, wie reizvoll diese Waldregion war. Die Wanderer wenden sich nun lieber dem Nachbarberg zu und erklimmen den sogenannten „kleinen“ Gala. Zu ihrer Überraschung entdecken sie einen bizarren Gipfel mit herrlicher Aussicht, und auch die Anmarschroute ist weitaus abwechslungsreicher als der Aufstieg zum „großen“ Gala. Interessant ist ein Vergleich der Ausflugsziele; beide Routen lassen sich ja problemlos miteinander verbinden.

Gehzeit: 2 Stunden.

Wegbeschreibung: Leichte Wanderung.

Zufahrt: Mit Bus 325 von Puerto de la Cruz oder Los Gigantes, mit Bus 460 von Playa de las Américas zum Pass von Erjos, → Fahrplan im Anhang. Dem Busfahrer vorher Bescheid sagen, keine reguläre Haltestelle.

Autofahrer können vom Erjos-Pass rund 100 Meter auf der Zufahrt zur Fernmeldestation emporfahren und das Auto dort parken. Die Weiterfahrt auf der schmalen Asphaltstraße ist verboten (Naturschutzgebiet).

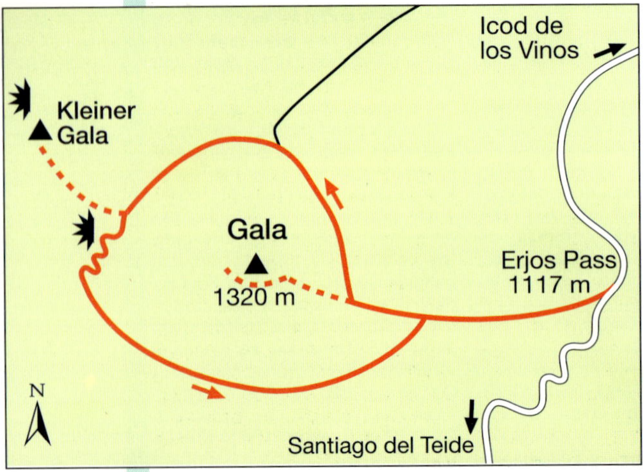

Großer Gala

Der höchste Gipfel des Teno-Gebirges (1320 m) war einst ein stilles, romantisches Plätzchen, das zum Verweilen einlud. Dann wurde auf dem Plateau eine Fernmeldestation errichtet, und die Idylle ging weitgehend verloren. Gipfelstürmer finden noch einen Hauch Ursprünglichkeit, wenn sie an der Mauer des Fernmeldegeländes entlanggehen und dann noch 5 Minuten durch ein Baumheidewäldchen wandern. Der Pfad führt zu einer Felskanzel, von der man einen weiten Ausblick hat. Für Wanderer sehr viel lohnender ist allerdings die Tour zum sogenannten „kleinen“ Gala.

Kleiner Gala

Die reizvolle Wanderung beginnt beim **Pass von Erjos** (1117 m). Er ist der höchste Punkt der westlichen Nord-Süd-Verbindung Icod de los Vinos und Santiago del Teide und gleichzeitig eine Wetterscheide. Autofahrer können von dort noch rund 100 Meter bergan fahren. Die Stelle, an der die Zufahrt beginnt, ist etwas unübersichtlich, besonders wenn man von der entgegengesetzten Richtung – aus dem Süden – kommt. Auf der schmalen Asphaltstraße wandert man nun stetig empor. Nach einer Viertelstunde erreicht man ein kleines Plateau. Ein Forstweg mündet von links ein. Dies ist die Route, auf der man später zurückkehrt.

Vom kleinen Plateau geht man auf der Asphaltstraße noch etwa 500 Meter bergan (25 Min.). Bei der Haarnadelkurve sieht man rechts ein Tor, um das ein Pfad herumführt. Dahinter gabelt sich der Weg, und man biegt links ab. Auf einem ebenen Forstweg wandert man in den Wald hinein. Baumheide und Ginster säumen die Route und bald erreicht man die andere Seite des Berges. Dort bietet sich ein herrlicher Ausblick. Bei gutem Wetter sieht man die Inseln La Palma (rechts) und La Gomera (links, nähergelegen und kleiner).

Wenn man zu einer scharfen Kurve kommt (40 Min.), muss man aufpassen, denn jetzt zweigt ein Pfad nach links ab. Er entpuppt sich als wunderschöner Höhenweg. Zuerst geht es in Serpentinen bergab und dann am Hang entlang. Im Frühling blühen weiße Zistrosen, und die Gipfel des Teno-Gebirges sind eine eindrucksvolle Kulisse. Allmählich wird das Gelände felsiger, wildromantisch, und die Route führt auch etwas empor. Dann taucht plötzlich ein Bergsattel auf; in Kehren wandert man darauf zu (1 Std. 20 Min.).

Viele Ausflügler begnügen sich, den nahen Felsgipfel aus sicherer Entfernung zu betrachten und lieber eine nette Rast einzulegen. Wer ein bisschen Kraxelei nicht scheut, geht auf dem breiten Grat weiter. Ein schmaler Steig führt zu einem kleinen Plateau empor. Jetzt wird die Strecke felsiger, alpiner. Nur Schwindelfreie sollten weitergehen. Die äußerste und höchste Stelle des Felsbandes ist der sogenannte **„kleine Gala“**. Von dort hat man eine atemberaubende Fernsicht (1 Std. 20 Min.).

Danach kehrt man zum Bergsattel zurück. Nun wendet man sich der Hangseite zu, die dem breiten Talgrund von Santiago del Teide zugewandt ist. In Serpentinen und am Hang entlang wandert man bergab, bis der Pfad in einen Forstweg mündet (1 Std. 50 Min.). Diese bequeme Route führt dann – nach links – zum kleinen Plateau an der Asphaltstraße zurück. Ihr folgt man nun hinab zum Pass von Erjos, dem Ausgangspunkt der Tour (2 Std. 15 Min.).

Fußgänger, die nicht zum Auto zurückkehren müssen, können vom Bergsattel auch Santiago del Teide ansteuern. Beim Abstieg liegt der ansehnliche Ort immer in Blickrichtung und ist deshalb kaum zu verfehlen. Diese Variante eignet sich besonders für Wanderer, die mit dem Linienbus angefahren sind.

34 Zwischen Berghang und Bauernland

Santiago del Teide – Tamaimo

So schön habe ich es mir nicht vorgestellt . . . Das ist der einhellige Kommentar auf dieser Wanderung. Das Staunen ist verständlich, denn die kurvenreiche Autostraße, die Santiago del Teide und Tamaimo verbindet, zeigt keine besonderen Reize. Um so größer ist die Überraschung, dass die „Nebenstrecke" ein völlig anderes Bild hervorzaubert. Noch sehr ursprünglich wirkt die Landschaft; Berghang und Terrassenfelder gehen harmonisch ineinander über. Ein wunderschöner Fußweg folgt dem Saum des Teno-Gebirges, und der Blick überspannt das breite, sanft abfallende Plateau, das angrenzt. Diese Wanderstrecke eignet sich hervorragend als „Ersatztour", wenn Nebel und Wolken über den Berggipfeln rund um Masca hängen.

Gehzeit: 2 Stunden

Wegbeschreibung: Leichte Wanderung mit einigen An- und Abstiegen.

Zufahrt: Mit Bus 325 von Puerto de la Cruz nach Santiago del Teide (Bushaltestelle am Ortsende), Fahrzeit 1 1/2 Stunden. Oder vom Süden mit Bus 325 von Los Gigantes oder Bus 460 von Playa de las Américas, → Fahrplan im Anhang. Rückfahrt von Tamaimo mit Bus 325 bzw. mit Bus 460, → Fahrplan im Anhang.

Wegverlauf: In **Santiago del Teide** geht man bis zum südlichen Ortsende (Richtung Tamaimo) und biegt etwa 50 Meter hinter der Tankstelle Cepsa nach rechts auf einen Fußweg ein. Er führt sacht bergab und durchzieht viele Terrassenfelder. Steinmauern säumen die Route, schützen bei schlechtem Wetter gegen den Wind. Bald wird der Weg schmaler, romantischer; Tabaiba-Bäumchen und

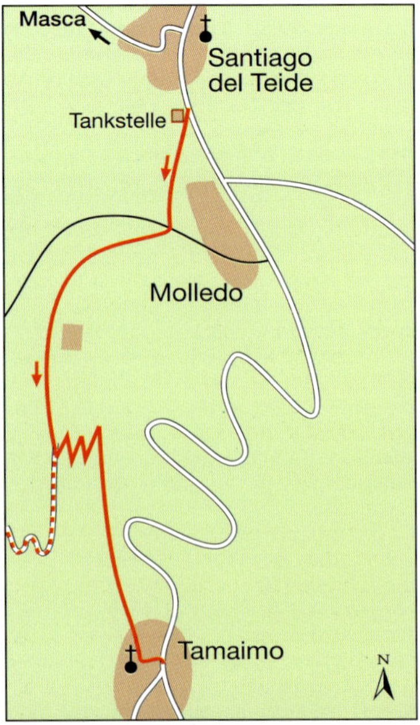

Feigenkakteen wachsen aus dem Fels. Links kommt ein Dorf in Sicht (10 Min.), und die Route stößt auf einen Querweg.

Nun biegt man nach rechts ab. Gleich danach teilt sich der Weg, und man nimmt den linken, unteren, nicht so deutlich ausgeprägten Pfad. Die obere, breitere Steintrasse führt zu den einsamen Gehöften im Teno-Gebirge, und es gibt keine Verbindung zum unteren Höhenweg. Ihm folgen wir jetzt entlang des Hanges und wandern in einem weiten Bogen auf die Küste zu. Schöne Pflanzen fallen auf: Blauer Berglavendel, weißer Buschnatternkopf und dekorative Verode-Büsche. Später kommt man an Feigen- und Mandelbäumen vorüber und blickt auch hinab auf zahlreiche Felder, die nicht mehr bepflanzt werden. Kleine Schluchten sind zu umgehen, und man entdeckt bizarre Felsen und höhergelegene Höhlen (30 Min.). Hinter einer Wegbiegung taucht ein einfaches Gehöft auf, das noch bewohnt ist. Nun geht es auf die Berge zu. Man passiert ein Felseck und geht dann auf den Sattel zwischen dem rechts liegenden Höhenrücken und dem zur Talseite angegliederten Vorberg zu. Ist man oben angelangt, bietet sich ein überwältigender Ausblick (50 Min.). Senkrecht fällt die Felswand ab, eine tiefe Schlucht liegt zu Füßen. Zum Greifen nahe sind die Gipfel des Teno-Gebirges, und in der Ferne blinkt klarblau das Meer. Bei gutem Wetter hat man einen schönen Blick auf die Insel Gomera.

Jetzt folgt der wildromantische Abschnitt der Tour. Man wandert beschaulich am Felshang entlang und kommt dann zu einem Bergkamm, der den Blick auf beide Seiten freigibt (1 Std.). Hier teilt sich die Route. Wer möchte, kann noch ein Stück auf der Höhe weitergehen. Doch dieser Weg führt bald in Serpentinen in die Schlucht hinein, wird später sehr steil und leitet über in ein weitläufiges, unwirtliches Gebiet. Besser ist es, sich mit einem kurzen Abstecher entlang der Höhe zu begnügen und dann in den Talgrund nach Tamaimo hinabzusteigen.

Vom Kamm aus verläuft ein schmaler Pfad zuerst in Richtung Santiago del Teide am Hang bergab, geht dann in Serpentinen über und kommt schließlich in den Bereich der Terrassenfelder. Man passiert einen Hain mit Feigenbäumen und trifft bald auf eine Wasserleitung, die nun als Leitlinie dient. Ihr folgt man nach rechts. Später überquert man den gemauerten Wassergraben und geht noch ein kleines Stück parallel. Nach 100 Metern biegt die Route scharf nach links ab. Man durchquert eine kleine Schlucht und folgt dann einem Feldweg in Richtung Tamaimo (neue Wasserleitung). Nach einer Weile kündigt sich links die Kurve der Autostraße an, doch man bleibt auf der direkten Route.

Sie mündet in eine Seitenstraße von **Tamaimo.** Nur noch wenige Häuser zeigen an, wie man früher hier lebte. Neubauten traten an ihre Stelle. Entlang der Calle El Agua gelangt man zu einem typischen Dorfplatz mit Kirche. Geht man von dort nach links, ist es nur noch ein kurzes Stück bis zu den Gasthäusern, die sich an der Durchgangsstraße angesiedelt haben.

In Tamaimo teilt sich die Route zum Süden. Die Hauptstrecke führt über Guía de Isora nach Playa de las Américas, eine Nebenstraße berührt den aufstrebenden Badeort „Los Gigantes" und verläuft dann entlang der Küste. Nach Santiago del Teide kann man mit dem Bus 325 oder 460 zurückfahren.

Natürlich kann man die Wanderung auch wieder in Santiago del Teide enden lassen. Dann kehrt man vom „wilden" Teil der Tour auf gleichem Weg zurück. Diese Variante ist Fußgängern zu empfehlen, die sich den 15-minütigen Abstieg in den Talgrund von Tamaimo ersparen wollen. Durch die veränderte Blickrichtung ist auch diese Variante sehr reizvoll. Für Hin- und Rückweg muss man rund 2 Gehstunden veranschlagen.

Weitere Ausflugsmöglichkeiten

Im Teno-Gebirge kann man noch viele Wanderstrecken auskundschaften, etwa im Bereich der ***Carrizal-Schlucht*** *oder auf dem* ***Hochplateau von Teno Alto.*** *Die Routen folgen meist ländlichen Pfaden oder neuangelegten Forstwegen. Sie eignen sich für Wanderer mit viel Muße – und Entdeckungsfreude.*

Der Höhenweg,

der am Rande des Teno-Gebirges auf die Höhe hinaufführt verlockt zu einer Erkundungstour. Wanderer folgen dem Fußweg Santiago del Teide – Tamaimo etwa 10 Minuten bis zum Dorf Molledo (→ Vorschlag 34).

Wenn der Weg sich gabelt, nehmen sie aber den oberen, steingepflasterten Pfad, der nach rechts abzweigt. Schnell kommt man in ein sehr einsames Gebiet, und später ergeben sich herrliche Ausblicke aufs Teno-Gebirge. Nach etwa einer Gehstunde ist man auf dem höchsten Punkt der Route (1000 m). Wer möchte, kann von hier noch tiefer ins Bergland eindringen.

Der Lorbeerweg

führt durch ein besonders schönes Waldgebiet. Er beginnt beim Forsthaus Erjos (950 m) und führt in $3^1/_2$ Gehstunden nach Las Portelas (650 m). Diese Tour eignet sich besonders für Wanderer, die auf einem breiten, bequemen Weg einen dicht bewachsenen Forst durchqueren möchten. Meist bleiben sie im Schatten der Bäume, doch gelegentlich bieten sich auch hübsche Ausblicke.

Für Entdecker

gibt es noch zahlreiche Touren im Teno-Gebirge. So kann man von Buenavista auf der Autostraße bis zum Risco-Steig gehen (rund 3 Kilometer), dann über den steilen Bergpfad das Dorf Teno Alto ansteuern und von dort über den Tabaiba-Pass nach Masca wandern (rund 5 Gestunden.

Zu den Dörfern Carrizal Alto und Carrizal Bajo führt eine Straße hinab, doch Touristen sind eher selten. Deshalb kann man die nähere und weitere Umgebung noch ungestört erforschen. Einsamkeit verspricht der einstiege Maultierpfad über die ländliche Hochebene.

Eine nicht schwierige, doch etwas anstrengende Tour führt von El Palmar zum stillen Ort Teno Alto und von dort über den Tabaiba-Pass wieder nach El Palmar zurück (rund 4 Stunden).

Natürlich kann man von Teno Alto auch über den Felssteig Risco nach Buenavista hinabwandern. Dies erfordert allerdings Bergerfahrung und Trittsicherheit (Abstieg rund 2 Stunden).

Wandergebiet Südküste

VII

Die typische Dreieckform Teneriffas bringt es mit sich, dass sowohl die Westküste als auch die Ostküste dem Süden zugeneigt sind. Die Passatwolke, die den Norden begrünt, kommt selten auf diese Seite der Insel. Als steinerne Barriere steht das Bergmassiv des Teide dazwischen. Karg ist der breite Streifen Land, der sich in einem weiten Bogen von Puerto de Santiago im Westen nach Santa Cruz im Osten schwingt. Die Urlauber, die hierher reisen, haben meist nur einen Wunsch – zu baden und die (ewige) Sonne zu genießen. Nur selten macht sich einer auf, um die Umgebung zu erkunden. Zum Wandern ist sie auch nur bedingt geeignet, selbst wenn es ein paar (private) Ansätze gibt, Wege zu markieren und Routen zu entwickeln. Das besondere Augenmerk gilt dem Hinterland von Playa de las Américas und Los Cristianos, dem größten Feriengebiet von Teneriffa. Zwei abwechslungsreiche und darüber hinaus sehr schöne Wegstrecken seien hier vorgestellt.

Auch im Süden Teneriffas kann man interessante Wandergebiete entdecken

Die Höllenschlucht zählt zu den bekanntesten Wanderzielen auf Teneriffa

Höllenschlucht mit Wasserfall

Adeje – Barranco del Infierno

35

Der Barranco del Infierno ist das beliebteste Wanderziel des Südens. Schon der Name macht neugierig: Höllenschlucht, das klingt dunkel, bedrohlich – und suggeriert auch Gefahr. Doch so unwegsam wie einst ist diese Strecke längst nicht mehr, und manchmal ist sie so belebt wie ein Promenadenweg. Besonders im ersten Teil überrascht der gepflegte Pfad, der am Steilhang entlang in die Berge hineinführt und sehr schöne Ausblicke beschert. Später wird der Weg dann etwas felsiger, und die Route wechselt oft von einer Bachseite zur anderen. Wichtig ist, dass man nicht nach Regentagen in den Barranco del Infierno kommt. Dann kann es nämlich geschehen, dass der Wasserlauf, der den Weg begleitet, anschwillt und die Strecke rutschig oder unpassierbar macht. In diesem Fall ist es ratsam, auf den zweiten Teil der Wanderung und somit auch auf den berühmten Wasserfall zu verzichten.

Gehzeit: Mit Rückweg 3 Stunden

Wegbeschreibung: Leichte Wanderung, An- und Abstiege von rund 400 Höhenmetern.

Zufahrt: Mit öffentlichen Verkehrsmitteln von Puerto de la Cruz recht langwierig. Entweder mit Bus 325 von Puerto de la Cruz nach Los Gigantes, Fahrzeit 1 Stunde 30 Minuten, und von dort mit Bus 473 nach Adeje, Fahrzeit 40 Minuten. Oder mit Bus 343 von Puerto de la Cruz nach Playa de las Américas, Fahrzeit 2 Stunden, und von dort mit Bus 473 nach Adeje, Fahrzeit 20 Minuten. Anfahrt von der Südküste auch mit Bus 416, → Fahrplan im Anhang.

Wegverlauf: Ein wenig oberhalb von **Adeje** beginnt die Wanderung. Autofahrer orientieren sich an der sehenswerten Kirche und fahren von dort noch ein Stück aufwärts bis zu dem ehemaligen Gutshaus (Casa Fuerte), vor dem dekorativ eine Kanone steht. Eine asphaltierte Straße führt schnurgerade empor. Am Ende der Zufahrt (Bar/Restaurant Otelo) kündigt ein großes Schild den Barranco del Infierno an. Eine Aussichtsplattform zeigt sehr schön den ersten Teil der Schlucht: Steile Felswände, bizarre Bergspitzen und zu Füßen ein tiefeingeschnittenes Tal.

Auf einem schön angelegten Pfad wandert man am Hang entlang. Auf halber Höhe verläuft die Route. Sie scheint in den Fels eingekerbt zu sein, ist aber gut befestigt und angenehm zu begehen. Wie vorgezeichnet liegt die Strecke vor uns, langsam geht es bergan. Es fällt auf, wie grün diese Schlucht ist. Tabaiba-Bäumchen, Opuntien (Feigenkakteen) und Euphorbien, die wie Kandelaber aussehen, wachsen hier, und später entdeckt man auch blauen Berglavendel und weiße Margariten. In einiger Entfernung sind Bienenkästen aufgestellt.

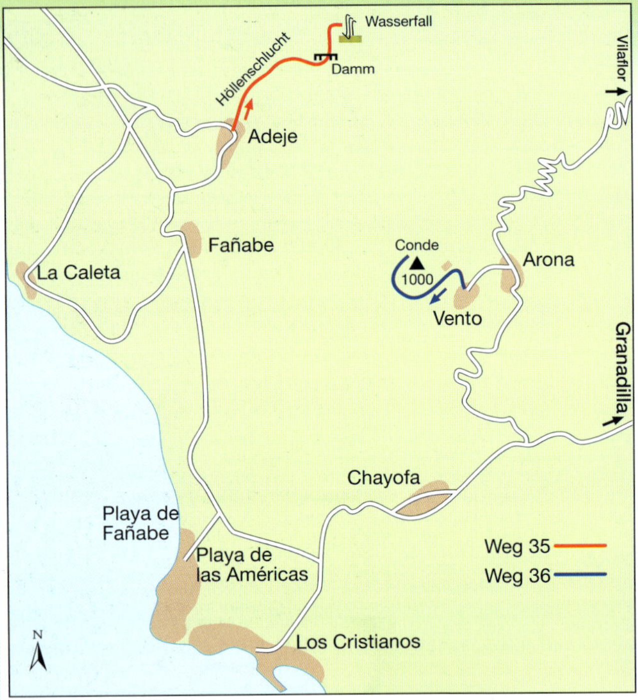

Nach rund 10 Minuten erreicht man den schönen Aussichtspunkt **Bailadero de las Brujas** (Hexentanzplatz). Nun blickt man hinab auf eine Seitenschlucht, die es zu umgehen gilt. Bald steigt der Weg stärker an, und die Landschaft wird immer abwechslungsreicher. Dann kommt man wieder zu einer markanten Stelle. Die Bezeichnung **Acequía Larga** (Großer Kanal) weist darauf hin, wie wichtig die Wasserleitungen entlang der Schlucht sind. Interessant ist der Vergleich zwischen dem alten und dem neuen gemauerten Kanal.

Entlang eines hübschen Höhenwegs wandert man zum nächsten Aussichtspunkt (40 Min.). Von den **Cuevas del Marqués** geht es in einem Bogen auf die eigentliche Höllenschlucht zu. Ein Stück folgt man der Wasserleitung; später wird sie überquert. Bald liegt der Talboden nicht mehr tief unten, sondern er ist auf die Höhe des Weges angestiegen. Über felsiges Gelände wandert man nun stetig empor. Bald öffnet sich ein kleines Plateau **(La Cojedera)**; die erste Hälfte der Wanderung ist geschafft (1 Std.). Es tut gut, sich in der Sonne auszuruhen, bevor man in den Schatten des engen Hochtals eintritt. Jetzt wird die Wegstrecke zur engen Schlucht.

Links einer niedrigen Mauer beginnt die Route; Leitlinie ist der Bach. Der Weg schlängelt sich durch Sträucher und Brombeerhecken und nähert sich dann wieder dem Wasserlauf. Die Landschaft ist wie verwandelt. Steile Hänge umfassen den Talgrund, durch das Blätterdach der Bäume dringt wenig Licht. Später zeigt sich die Natur wieder in freundlicheren Farben, und manch hübsches Plätzchen verlockt zur Rast. Am Bach entlang verläuft der Pfad, und rund zwölfmal wechselt man von einer Seite zur anderen.

Nach einiger Zeit steigen die Berge fast senkrecht an. Felsen sind über den Weg verstreut; in Becken sammelt sich das Wasser des Baches. Noch einmal geht es ein Stück empor, dann stellt sich eine unüberwindliche Wand in den Weg. Oft strömt Wasser herab, und viele Wanderer wähnen sich schon am Ziel. Doch am vermeintlichen Schluchtende öffnet sich rechts ein Einschnitt. Ein schmaler Pfad am Fels leitet hinein und stößt bald auf einen kleinen Platz. Nun steht man vor dem berühmten **Wasserfall.** In Kaskaden tost er aus großer Höhe herab (1 Std. 40 Min.).

Zurück kehrt man auf derselben Route. Die entgegengesetzte Richtung zeigt viele neue Facetten. Gleich zu Anfang sieht man eine hochaufragende Felsspitze, die man vorher nicht bemerkt hat. Auch beim Rückweg fällt der unterschiedliche Charakter der Landschaft auf. Dämmrig und wie ein Urwald wirkt der hintere Teil der Schlucht; ein Gefühl der Weite und herrliche Ausblicke vermittelt der vordere Teil.

Ein imposanter Wasserfall signalisiert das Ende der Höllenschlucht

Im Anschluss an die Tour zur Höllenschlucht sollte man noch den hübschen Ort Adeje anschauen. Sehenswert ist die Pfarrkirche Santa Ursula. An der Hauptstraße im Ort gibt es einige Lokale, wo man im Schatten der Lorbeerbäume sitzen und lokale Spezialitäten ausprobieren kann

Auf dem Wahrzeichen des Südens

Vento (Arona) – El Conde

36

Der 1000 m hohe Conde ist das Wahrzeichen des Südens. Als mächtiger Tafelberg prägt er das Hinterland von Playa de las Américas und Los Cristianos. Mit seinen glatten, grünen Felswänden und der weitgestreckten Kuppe reizt er kaum als Wanderziel, zumal kein Weg hinaufzuführen scheint. Das ist aber eine Täuschung. Von der Rückseite windet sich ein schmaler Pfad empor. Die Route zieht fast ständig bergan, verläuft gelegentlich über steinige Flanken und ist immer der Sonne ausgesetzt. Die Mühe des Aufstiegs lohnt sich. Die Landschaft ist vielfältiger, als man es im kargen Süden vermutet, und das Plateau auf dem Gipfel entpuppt sich als Bergwiese. Sehr eindrucksvoll ist der umfassende Rundblick.

Wegbeschreibung: Mittelschwere, etwas anstrengende Wanderung mit Auf- und Abstieg von rund 700 Höhenmetern.

Zufahrt: Mit Bus 343 von Puerto de la Cruz nach Los Cristianos, Fahrzeit 2 Std., und von dort mit Bus 480 nach Arona, Fahrzeit 20 Min. Häufigere Busverbindungen zwischen Puerto de la Cruz und der Südküste bestehen mit Umsteigen in Santa Cruz (Busse 102/103 und 111 oder 112). Vom Süden auch Anfahrt mit Bus 342, 480 und 482, → Fahrplan im Anhang.

Mit dem Auto fährt man auf der Autobahn bis zur Abzweigung Los Cristianos/Arona. Dort steuert man dann in Richtung Arona die Berge an und passiert auch den hübschen Villenort Chayofa. Nach etwa 4 Kilometern folgt man der Route Vilaflor/Cañadas, die nach links abzweigt. Weitere 4 Kilometer bleibt man auf dieser Straße, dann biegt vor dem Straßenschild Arona die Vilaflor/Cañadas-Straße wieder scharf links ab. Nach rund 400 Metern, vor einem auffälligen Wohnblock für Einheimische, verlässt man die Autostraße und folgt dem asphaltierten Sträßchen, das in einem spitzen Winkel nach links einbiegt. Der Fahrweg erreicht nach rund 600 Metern die Ansiedlung Vento.

Wegverlauf: Ausgangspunkt der Tour ist die Calle **Vento,** die Hauptstraße des gleichnamigen Dörfchens. Beim Haus Nr. 30 beginnt die Wanderroute. Rund 50 Meter folgt man einem Feldweg, dann biegt ein gut angelegter, mauergesäumter Pfad rechts ab. In Serpentinen geht es in eine kleine Schlucht hinunter.

Hat man sie durchquert, tut sich ein zweiter, flacherer Taleinschnitt auf. Danach wird der Weg wieder eben, verläuft entlang einer Wasserleitung und ein Stück über karges Gelände. Die Wasserleitung wird überquert, und man scheint geradewegs auf ein Gehöft am Berghang zuzugehen. Aber noch einmal öffnet sich der Boden. Tief eingeschnitten ist der dritte Barranco, den es zu durchsteigen gilt. In Serpentn geht es hinab in den

Gehzeit:
Mit Rückweg
3 Stunden

steinigen Grund, und dann wandert man auf der anderen Hangseite wieder empor.

Der felsige Steig mündet in einen Pfad, der nach links auf ein Plateau führt. Am Rande der Schlucht verläuft nun die Route und führt auf einen verfallenen Bauernhof zu. Umgeht man ihn auf der linken Seite, entdeckt man seitlich und etwas unterhalb des Wohnhauses eine Reihe von Höhlen, die einst zu Ställen ausgebaut wurden (25 Min.).

Oberhalb des Hauses befinden sich zwei alte Dreschplätze, an denen man rechts vorbeigeht. Nun wandert man ständig bergan in Richtung der Bergkuppe; weiße Pfeile erleichtern die Orientierung. Viele Terrassen säumen den Weg; die Felder sind überwuchert, werden nicht mehr bebaut. Man folgt dem Bergpfad, auf dem die Bauern früher zu ihren Äckern gingen. Stetig geht es empor, in direktem Anstieg oder in Serpentinen. Der Sattel zwischen dem Conde-Plateau und einem Vorberg ist das erste Ziel (50 Min.).

Tief unten erblickt man die gezackte Küstenlinie und die Badeorte Playa de las Américas und Los Cristianos, die fast zusammengewachsen sind. Nun wandert man auf den höhergelegenen Bergrücken zu. Am Hang entlang verläuft der Weg, und es ist ratsam, den stachligen Feigenkakteen nicht zu nahe zu kommen. Später steigt die Route auch wieder stärker an und führt in Serpentinen empor. Weiße Pfeile und rote Punkte signalisieren die Richtung.

Der steilste Teil der Wanderung steht noch bevor. Jetzt gewinnt man Höhe mit jedem Schritt. Dann trifft man auf eine Felswand, die wie ein Gürtel die hochgelegene Kuppe umschließt. Ein Stück geht es am Rande entlang; später zieht ein gutangelegter Pfad hindurch. Hat man diese anstrengende Etappe bewältigt, liegt die Hochfläche des **Conde** vor uns. Auch hier waren einmal fleißige Hände tätig, denn wie Treppen steigen mehrere Terrassen an. Schon lange wird nichts mehr angebaut. Eine Bergwiese ist entstanden; im Frühling blühen viele Blumen. Am oberen Rand des Plateaus gibt es hübsche Plätzchen für eine Rast; unbeschreiblich schön ist die Sicht nach allen Seiten (1 Std. 40 Min.).

Als Rückweg nimmt man dieselbe Route. Man sollte sich aber beim Heraufkommen genau merken, wo man die Bergkuppe betritt. Sonst kann es passieren, dass man nicht mehr weiß, wo es hinuntergeht. Und das kann unangenehm werden, denn die Felswände fallen steil nach allen Seiten ab.

Im Anschluss an die Tour kann man in Arona noch die Kirche besichtigen (sehenswerter Altar) und in netten Lokalen einkehren. El Patio Canario hat eine anheimelnde Atmosphäre und bietet kanarische und belgische Spezialitäten (es gibt auch Gästezimmer); die Bar Sindical ist einfacher ausgestattet und offeriert einheimische Gerichte, etwa Cabrito (Zicklein).

Weitere Wandermöglichkeiten:

Ein Bauboom ohnegleichen hat die Ferienorte **Playa de las Américas** *und* **Los Cristianos** *miteinander verschmolzen. Entstanden ist eine Stadtlandschaft mit riesigen Hotels und südländisch-verbrämten Reihenhaus-Siedlungen. Der schönste Spaziergang verläuft entlang der* **Küstenpromenade** *und verbindet die beiden Zentren. Im Norden von Playa de las Américas wurde ein neuer Strandabschnitt erschlossen. Auch hier führt eine Fußgängerpromenade am Meer entlang. Eine stürmische Entwicklung der* **Playa Fañabe** *und der* **Costa Adeje** *ist vorprogrammiert.*

Einen Abstecher nach **El Médano** *sollte man unbedingt einplanen. Dort gibt es nicht nur einen schönen hellen Sandstrand; ein Wanderweg führt auch entlang der Bucht zum charakteristischen roten Berg (***Montaña Roja***, 171 m). Den Aufstieg lohnt ein herrlicher Ausblick, und man sieht einen zweiten Strand* **Playa de la Tejita**. *Zum beliebten Feinschmeckertreff hat sich der nahegelegene Fischerort* **Los Abrigos** *entwickelt.*

Nur wenige Individualisten erkunden das Hinterland. Dort gibt es mehr Wanderwege, als der erste Eindruck erwarten lässt. Ein beliebtes Ausflugsgebiet ist **Arona.** *Von dort kann man auf einer schönen Route nach Adeje und weiter nach Taucho wandern. Oder man besteigt in leichtem Anstieg den Roque de los Brezos. Über Arona und Escalona erreichen Autofahrer den hübschen Bergort* **Vilaflor,** *das höchste Dorf in Teneriffa (1450 m). Der Ausblick ist sehr reizvoll, und es bieten sich gute Wandermöglichkeiten.*

Der Strand von El Médano ist eine Attraktion für Individualisten und Surfer

VIII Wandergebiet Cañadas

Die Cañadas sind sozusagen das Hochgebirge auf Teneriffa. Als riesiger Krater umfassen sie den 3718 m hohen Teide, dessen schneeige Kuppe in reizvollem Kontrast zur Wüstenlandschaft steht. Das karge Plateau misst rund 15 Kilometer im Durchmesser und ist von einer erstaunlichen Vielfalt. Aus Geröll hochgetürmt scheinen Hügel und Berge, phantastische Felsgebilde heben sich über Aschenfelder empor, und in Lavaströmen wachsen oft herrlich blühende Pflanzen. Von eigentümlichem Reiz sind die Farben des Gesteins. Sie spiegeln alle Brauntöne wider, reichen vom hellen Beige bis zum tiefen Schwarz und schimmern auch in grünen und roten Nuancen.

Auf den ersten Blick reizt diese Wildnis eher zum Durchfahren und Betrachten denn zum Wandern. Der Eindruck ändert sich, wenn man ein Stück in die Berge hineingeht. Mit einem Mal öffnen sich stille, baumbestandene Täler, grandiose Felsregionen und Höhenrücken mit prachtvollen Ausblicken. Mancher Gipfel entpuppt sich als erloschener Vulkan. Die Erdausbrüche, die diesen gewaltigen Vulkankrater verursachten, sollen vor 300 000 Jahren stattgefunden haben. Das heutige Bild ist auf die unterschiedliche Erosion der geologischen Schichten zurückzuführen. Die wichtigsten Gesteinsarten sind Basalt, Bimsstein, Obsidian – und Phonolite (Klingsteine).

Am schönsten sind die Cañadas im Mai und Juni. Dann blühen die so unterschiedlichen Pflanzen die-

ses Hochlandes, verwischen den Eindruck einer Lavawüste. Wer Glück hat, entdeckt auch den „Stolz Teneriffas", die berühmte Taginaste. Sie hat einen 2 m hohen Schaft, der aus einer Blattrosette herauswächst und dicht mit kleinen roten Blüten besetzt ist. Die Natur wird streng geschützt, und es ist auch verboten, Steine zu sammeln.

In zwei Besucherzentren (Centros de Visitantes) erfahren die Ausflügler sehr viel Wissenswertes über die Cañadas, die seit 1954 als Teide-Nationalpark ein sorgsam betreutes Naturschutzgebiet sind. Geschichte und Geologie, Flora und Fauna werden anschaulich dokumentiert, und regelmäßige Filmvorführungen ergänzen das Programm der Museen. Das Besucherzentrum Portillo befindet sich am nördlichen Rand der Kraterlandschaft; das Besucherzentrum Cañada Blanca liegt nahe des Berghotels (Parador de las Cañadas). Geöffnet 9.15 – 16. Uhr.

Der „Finger Gottes" zählt zu den markantesten Felsen der Cañadas. Zusammen mit dem majestätischem Teide bildet er ein vielfotografiertes Motiv

37 Bizarre Felsen im Aschenfeld

Rundwanderung um die Roques de García

Die Roques de García sind ein absolutes „Muss“ im Cañadas-Programm, und jeder Touristenbus steuert die markante Felsgruppe an. Die Ausflügler steigen meist nur zum Aussichtspunkt „Mirador de la Ruleta“ empor, werfen einen Blick auf die weitgestreckte Ucanca-Ebene und fotografieren dann den dekorativen „Finger Gottes“. Weit lohnender ist es, die Roques zu umwandern und die so verschiedenartigen Felsgruppen näher zu betrachten. Schon nach wenigen Minuten ist man abseits vom touristischen Getriebe und inmitten einer unberührten Landschaft.

Gehzeit: 1 Std. 30 Min.

Wegbeschreibung: Leichte Wanderung mit anstrengendem Aufstieg am Ende der Tour.

Zufahrt: Mit Bus 348 von Puerto de la Cruz in die Cañadas um 9.15 Uhr. Fahrzeit bis zum Parador (Berghotel) 2 Std. und 15 Min.
Von Playa de las Américas (9.15 Uhr) und Los Cristianos (9.30 Uhr) fährt Bus 342 zum Parador.

Rückfahrt: Vom Parador jeweils um 16.00 Uhr.

Wegverlauf: Auch die Wanderer sollten zuerst zum **Mirador de la Ruleta** hochsteigen. Dort haben sie nicht nur einen schönen Ausblick (auch wenn der obere Teil gesperrt ist), sondern sie können sich gleich ein Bild machen, wie ihr Rückweg verlaufen wird. Der Rundkurs beginnt am Rande der Roques. Man passiert den sogenannten **Finger Gottes** (Roque Cinchado) und durchquert dann ein weites steppenhaftes Gelände mit Sträuchern und Büschen. Wie eine Promenade ist der Wanderweg angelegt; Steine begrenzen ihn zu beiden Seiten. Nach etwa 15 Minuten steigt die Route sacht an und führt am Fuße des Miniaturgebirges entlang.

Den **Abschluss der Roques** bilden ein paar niedrigere Felsen. Bevor man sie erreicht, geht es nach links

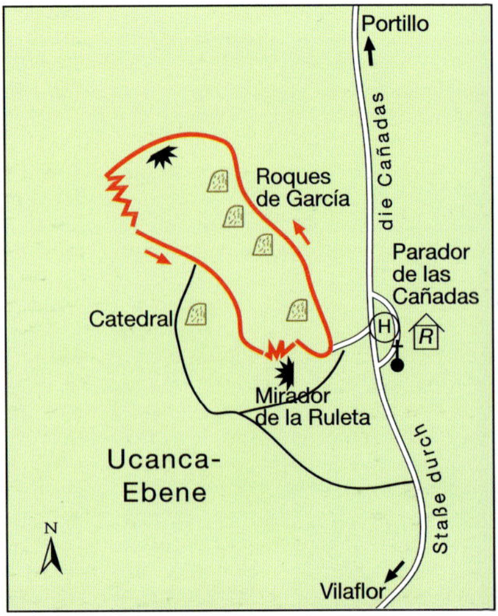

Der rote Teide-Natternkopf, auch Stolz Teneriffas genannt, gehört zu den imposantesten Pflanzen der Cañadas

hoch. Man wandert auf einen riesigen Felsblock zu und dann auf einem Steig rechts daran vorbei. Bald erreicht man ein schönes Plateau. Von dort hat man herrliche Ausblicke auf den Krater und die Roques. Oberhalb der Steilwand gibt es auch hübsche Plätzchen zum Rasten und Picknicken (30 Min.). Spaziergänger sollten von hier auf gleichem Weg zurückkehren.

Die Wanderer gehen bis zum Ende des Plateaus und passieren noch eine kleine Felsgruppe. Nun beginnt der Abstieg. Der Pfad hält sich an die rechte Seite des Hanges und führt auf eine lavaschwarze Hochfläche hinab. Hat man sie durchquert, geht es wieder steiler auf den Talgrund zu. Dort erhebt sich ein mächtiges Felsgebilde. Es trägt den bezeichnenden Namen **La Catedral** und erinnert entfernt an ein Kirchenschiff. Basaltquader sind regelmäßig übereinandergeschichtet; rund 70 Meter ragt der steinerne Dom empor. Den markanten Fels kann man in zwei Varianten umwandern. Rechts geht es hinab zur ausgedehnten Ucanca-Ebene, links führen Serpentinen den Hang empor. Dies ist die kürzeste Verbindung, um wieder zum Ausgangspunkt zurückzukehren. Bald ist man unterhalb eines Steilhangs, den man nun bezwingen muss. Ein steiler Weg schlängelt sich empor, mündet in einen kleinen, dekorativ angelegten Platz. Jetzt ist man wieder inmitten der vielen Touristen, die sich meist mit einem Blick auf die faszinierende Landschaft zufriedengeben (1 Std. 30 Min.).

Natürlich kann man auch rechts vom Felsmassiv „La Catedral" die Ucanca-Ebene ansteuern. Hat man das dunkle, wüstenartige Plateau erreicht, beschreibt man einen weiten Bogen nach links. Mit Blick auf die blaugrünen Felsen „Los Azulejos" und den hochaufragenden Guajara steuert man den Parkplatz bei den Roques de García oder den Parador an.

Der **Parador de las Cañadas,** der in der Nähe der Roques erbaut wurde, untersteht dem Staat. Das Berghotel wurde 1928 errichtet und 1997 vollkommen renoviert. In gepflegtem Rahmen kann man sich verwöhnen lassen und von einem Teneriffa träumen, das vom Tourismus noch nicht überflutet ist. Die Preise im Parador entsprechen dem Niveau eines Vier-Sterne-Hotels. Deutlich abgetrennt vom Hotelbereich ist das Selbstbedienungsrestaurant mit Sonnenterrasse, das ein beliebtes Ziel der Ausflügler ist. Angeschlossen an den Gebäudekomplex wurde das Besucherzentrum Cañada Blanca.

Rund um den Parador de las Cañadas gibt es schöne Promenaden und Wanderwege

Die Roques de García beeindrucken mit unterschiedlichen Formen und Farben

Durchs gelbe Meer zur Felsenfestung

Portillo – Cañada de los Guancheros – Cruz de Fregel **38**

Von der Asphaltstraße, die den Cañadas-Krater durchquert, scheint man den gesamten Teide-Nationalpark überblicken zu können. Deshalb sind Neuankömmlinge oft geneigt, das Mietauto irgendwo abzustellen und auf selbstentdeckten Pfaden ins Lavagelände hineinzuwandern. Allerdings enden diese Wege meist unvermittelt, denn das Plateau ist längst nicht so eben, wie der erste Eindruck suggeriert. Die schönste Wanderroute findet sich dort, wo man sie am wenigsten vermutet: Am nördlichen Kraterrand. Hinter Portillo erstreckt sich – fast verborgen – eine Landschaft, die alle Facetten dieser Region widerspiegelt – und zudem mit zwei imposanten Bergen aufwartet. Das rotbraune Felsmassiv „Fortaleza" bildet einen reizvollen Kontrast zur bewaldeten Anhöhe „El Cabezón", und auf dem Pass zwischen den beiden Bergen liegt das hübsche Picknickgelände Cruz de Fregel.

Gehzeit: 3 Stunden

Wegbeschreibung: Leichte Wanderung mit bequemen An- und Abstiegen.

Zufahrt: Mit Bus 348 von Puerto de la Cruz in die Cañadas um 9.15 Uhr, Fahrzeit 2 Stunden. Rückfahrt von Portillo um 16.30 Uhr.

Mit Bus 342 von Playa de las Americas um 9.15 Uhr und Los Cristianos um 9.30 Uhr nach Portillo. Rückfahrt um 15.15 Uhr → Fahrplan im Anhang.

Wegverlauf:

Die Wanderung beginnt links vom Besucherzentrum des Teide-Nationalparks (Centro de Visitantes) in **Portillo.** Der gepflasterte Weg wird rasch zu einem hübschen Pfad und wirkt

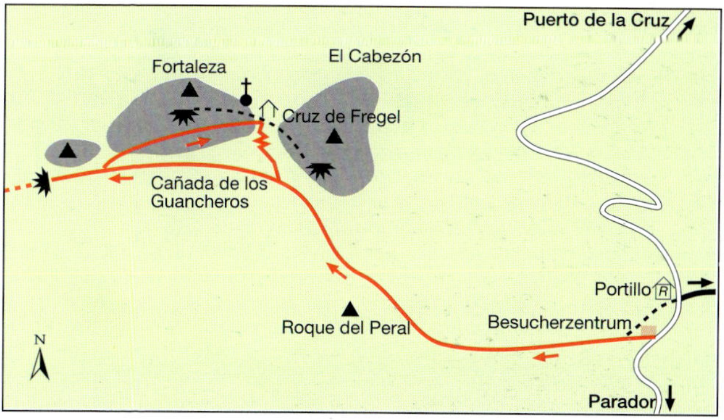

fast wie eine Promenade. Die Route schlängelt sich durch eine reizvolle Landschaft, und man scheint direkt auf den Teide zuzugehen. Nach 10 Minuten ändert sich die Richtung, und man wandert in einem Bogen halbrechts weiter. In der Ferne sieht man schon die Berge „Fortaleza" und „El Cabezón", die Zielpunkte der Tour.

Wenn sich der Weg gabelt, hält man sich links und geht auf eine langgestreckte Erhebung zu. Hat man sie an einer niedrigen Stelle überquert, sieht man den nächsten Höhenrücken. Ihn krönt ein hochaufragender Fels. Es ist der **Roque del Peral,** der von kleineren Steingebilden flankiert ist. Auch diese Barriere wird rechts umgangen. Man durchquert einen weitgestreckten flachen Talgrund, und dann geht es wieder ein Stück bergan. Nun kommt man zu einem hochgelegenen Plateau. Auf dem kargen Boden wachsen Besenrauken und Teide-Ginster, eingestreut sind viele Lavasteine (45 Min.).

Noch einmal geht es ein Stück bergan und über eine Anhöhe hinweg. Nun wandert man mühelos voran und dann stetig ins Tal hinab. Die Landschaft, die auftaucht, ist eine Überraschung. Zu Füßen liegt eine ausgedehnte Sandfläche, die an ein gelbes Meer erinnert. Es ist die **Cañada de los Guancheros.** Mitten hindurch führt unsere Route, parallel zum Felsmassiv Fortaleza. Interessant ist der grüne Bewuchs, der sich am Berghang schräg hochzieht. Deutlich zu erkennen ist auch der Weg, auf dem wir später emporgehen. Er beginnt am Ende des Höhenzugs (1 Std. 20 Min.).

Es lohnt sich, noch ein Stück durch das Sandfeld weiterzugehen. An die Fortaleza fügt sich ein zweiter Berg an, und der Pfad zieht am Saum entlang durchs Gestein. Nach etwa 15 Min. kommt man zu einem schönen Aussichtspunkt. Weitwanderer können von hier aus durch den Waldgürtel in Richtung La Guancha hinabwandern. Gehzeit für den Abstecher: 30 Minuten.

Vom gelben Meer wandert man gemächlich auf den Pass zwischen der Fortaleza und dem angrenzenden Berg „El Cabezón" (1 Std. 35 Min.). Die Anhöhe **Cruz de Fregel** entpuppt sich als hübsches Plateau mit Kapelle und Picknickplatz. Von hier aus lassen sich auch wieder interessante Abstecher machen, zur **Fortaleza** empor oder auf die Kuppe des **Cabezón** (jeweils 30 Minuten mit Rückweg). Natürlich kann man über den Pass auch weiterwandern und durch die Waldregion das Orotavatal ansteuern (3-4 Std.).

Vom Bergsattel „Cruz de Fregel" wandert man auf einem Pfad zum gelben Meer hinab. Serpentinen leiten ihn ein, dann zieht er nach links am Hang des Cabezón bergab. Quer durch die Cañada de los Guancheros peilt man den Weg an, auf dem man hergekommen ist. Als Wegmarkierung dient wieder der **Roque del Peral,** der von dieser Seite wesentlich höher aussieht und allein zu stehen scheint (2 Std. 30 Min.). Die Route ist vom Hinweg vertraut. Nur einmal muss man aufpassen, dass man sich bei einer Weggabelung links hält und mit dem Rücken zum Teide zum Ausgangspunkt zurückwandert. Nun fallen auch die gemauerten Steinbänke auf, die das Parkgelände bei **Portillo** bereichern. Kurz vor dem Ziel gabelt sich noch einmal der Weg. Nach rechts ist es nur ein kurzes Stück zum Besucherzentrum. Wer sich links hält, wandert noch einige Minuten auf einem schönen Promenadenweg weiter, passiert einen interessanten Pflanzengarten und kommt dann nach El Portillo (Restaurant).

Eine Mondlandschaft wie im Märchen

Forststraße „Lomo Blanco“ – Paisaje Lunar

39

Ein ganz verstecktes Plätzchen am Rande der Cañadas ist die sogenannte Mondlandschaft. Der Name weckt oft falsche Vorstellungen, lässt an ein kahles, ausgestorbenes Gebiet denken. Die Wirklichkeit sieht wesentlich freundlicher aus. Als Paisaje Lunar präsentiert sich eine Art Amphitheater aus hellem Bimsstein. Aus mächtigen Fundamenten wachsen anmutige Felsgebilde heraus; wie Minarette fügen sich Türmchen und Zinnen aneinander. Die dekorative Märchenkulisse ist ein reizvoller Kontrast zu den riesigen kanarischen Kiefern und dem Hintergrund des dunklen Lavagesteins.

Wegbeschreibung: Leichte Wanderung mit einigen An- und Abstiegen.

Zufahrt: Mit Mietauto oder Taxi.

Wegverlauf: Die Mondlandschaft ist ein einzigartiges Plätzchen auf Teneriffa, aber leider liegt sie so abgelegen, dass es eine kleine Expedition ist, sie aufzuspüren. Wer über die **Cañadas-Straße** anfährt (Portillo/Teide-Seilbahn), biegt 7 Kilometer hinter dem Parador de las Cañadas auf die **Route nach Vilaflor** ein. Noch 13 Kilometer sind zu fahren, dann entdeckt man in einer Kurve das Schild **Lomo Blanco** und den Anfang einer Forststraße. Vom Süden her erreicht man diese Stelle rund 2

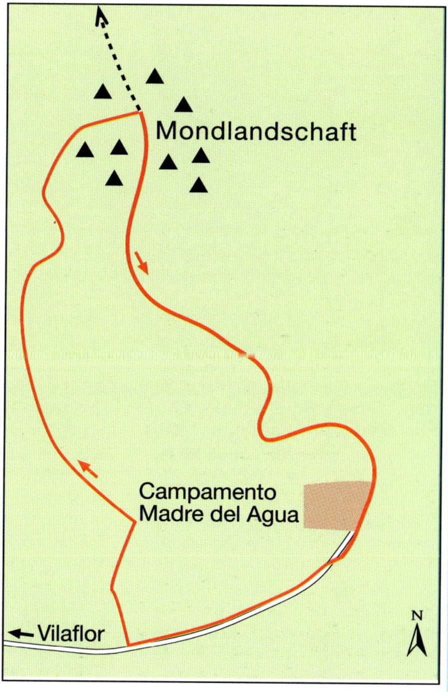

Gehzeit: Mit Rückweg 1 Std. 30 Min.

Auch „Spaziergänger“ können die abgeschiedene Mondlandschaft erkunden. Allerdings benötigen sie ein Auto für die langwierige Anfahrt

Kilometer nach dem Ortsende von Vilaflor. Die Autotrasse führt meist am Hang entlang, ist teilweise recht holprig und nur langsam zu befahren. Besondere Vorsicht erfordern die überbauten Wasserrinnen. Auf Schritt-Tempo herunterschalten!

Nach knapp 5 Kilometern passiert man die Abzweigung Agua Agria und nach weiteren 2 Kilometern signalisiert das Schild „Paisaje Lunar“ den Beginn der Wanderstrecke, die zur Mondlandschaft hinaufleitet.

Auf einem breiten, mit Steinen eingefassten Weg geht es sacht empor. Nach etwa 8 Minuten teilt sich der Weg, nun biegt man nach rechts ab. Die Route wird schmaler, ursprünglicher und durchzieht einen aufgelockerten Kiefernwald. Später überquert man eine steinerne Platte, und dann steigt der Weg auch wieder stärker an. Blaue und weiße Markierungen sind gute Orientierungspunkte (20 Min.).

Der Pfad führt nun stetig bergan und durchzieht eine abwechslungsreiche Landschaft. Ein ebenes Teilstück kündigt eine neue Etappe an. Über Lavagestein geht es in Kurven hoch, dann taucht man wieder ein in den Schatten der Bäume. Später durchwandert man eine weite Mulde und gelangt zu einer kleinen Schlucht. Man durchquert sie an einer flachen Stelle, steigt noch ein Stückchen weiter empor und steht schließlich am Rand eines weiten Talkessels. Von hier sind die bizarren Bimssteingebilde schon zu sehen. In einem Bogen wandert man auf die **Mondlandschaft** zu.

Noch eine kleine Schlucht ist zu überwinden, dann befindet man sich am Fuß der imposanten Felsgruppe (45 Min.). Hier gibt es auch idyllische Plätzchen zum Rasten und Picknicken. Eine riesige einzelstehende Kiefer wirkt wie der Mittelpunkt dieser Märchenkulisse. Es lohnt sich, ein Weilchen hierzubleiben und auch die nahe Umgebung anzuschauen. Fußwege führen zu den höhergelegenen Regionen. Oberhalb der Mondlandschaft bieten sich umfassende Ausblicke. Zurück kehrt man meist auf gleicher Route.

Reizvoll, wenn auch etwas länger ist der Rundweg, der am **Campamento Madre del Agua,** einem Ferienlager für Schüler, vorüberführt. Dann wandert man zu der tiefergelegenen Felsgruppe hinab. Dort folgt man einem hübschen Pfad, der links des Talgrunds sacht bergab zieht und bald nach links abbiegt. Nach kurzer Zeit wird der Kiefernwald lichter; dünenartige Höhenrücken tauchen auf (10 Min.).

Man folgt der Wasserleitung, die man überquert, und wandert dann auf dem Kamm des Höhenrückens stetig bergab. Eindrucksvoll ist der Ausblick auf Küste und Meer. Am Fuße des Höhenrückens geht man durch ein flaches Tal und danach ein Stückchen empor. Jetzt ist man wieder auf einem schönen Waldweg (20 Min.). Man überquert eine Wasserleitung, passiert eine mächtige Kiefer und kommt zu einem bewaldeten Hang. Im Talgrund sieht man schon die Holzhäuser des Ferienlagers. Auf steilerer Route wandert man darauf zu.

Beim **Campamento Madre del Agua** trifft man auf einen breiten Forstweg, und ihm folgt man nun nach links. Hat man das weitgestreckte Gelände umgangen, stößt man auf einen Parkplatz (45 Min.). Auf ebener und später sacht ansteigender Trasse wandert man zum Ausgangspunkt zurück (1 Std. 15 Min.).

Wer die Wanderung erweitern möchte, kann von der Mondlandschaft noch ein Stück in Richtung Guajara-Pass/Parador weitergehen. Dann gelangt man in ein Gebiet, das einen absoluten Kontrast zu den hellen Bimssteingebilden des Paisaje Lunar darstellt. Es ist die sogenannte schwarze Mondlandschaft, die sehr verlassen und urtümlich wirkt.

Geübte Bergwanderer können auch vom Parador de las Cañadas die Mondlandschaft ansteuern. Dann wandert man erst auf den Guajara-Pass (2350 m) hinauf, durchquert später ein sehr düsteres Vulkangebiet, die sogenannte schwarze Mondlandschaft, und kommt schließlich zu den märchenhaften Türmen und Zinnen der weißen Mondlandschaft ($3^1/_2$ Gehstunden). Nun muss man sich entscheiden, ob man auf gleichem Weg zum Berghotel zurückkehrt (3 Gehstunden) oder ob man nach Vilaflor weiterwandert (3 Gehstunden). Die Route ist markiert, dennoch braucht man eine gewisse Bergerfahrung, um die Wegstrecke immer wieder zu finden.

40 Ein Vulkan mit ewigem Schnee

Routen zum Teide und auf dem Teide

Der Teide ist ein eindrucksvolles Wahrzeichen der Insel. Er ist der höchste Berg Spaniens, und für viele Urlauber hat er eine magnetische Anziehungskraft. Mit der Seilbahn gelangt man in 8 Minuten zur 3555 m hohen Bergstation. Aber dort endet der Traum vom Aufstieg. Der Spaziergang zum Gipfel ist nicht mehr erlaubt; der Naturschutz hat Vorrang vor touristischen Wünschen. Der Blick ist dennoch überwältigend, und im Bereich der Bergstation gibt es auch schöne Höhenwege. Bei der Seilbahn muss man sich auf eine längere Wartezeit einrichten; und wenn das Wetter schlecht ist, wird der Betrieb auch gelegentlich eingestellt. Fernab vom hektischen Getriebe befinden sich die Wanderer, die den Teide zu Fuß bezwingen.

Gehzeit:
5 Stunden

Wegbeschreibung:
Anstrengende Tagestour.

Zufahrt: Mit Bus 348 von Puerto de la Cruz in die Cañadas um 9.15 Uhr. Fahrzeit bis zur Talstation der Teide-Seilbahn 2 Stunden. Von Playa de las Américas und Los Cristianos mit Bus 342→ Fahrplan im Anhang.

Rückfahrt: Von der Talstation um 16.15 Uhr. (Bus 348) und 15.40 Uhr (Bus 342).

Seilbahn: Auffahrt zwischen 9 und 16 Uhr; letzte Rückfahrt um 17 Uhr.

Wegverlauf:
Wanderer fahren auf der Cañadas-Straße bis zur Abzweigung „Montaña Blanca". Von dort geht man auf einem Fahrweg, der für Autos gesperrt ist, stetig empor und passiert auch das Gebiet der Huevos del Teide, jener runden, schwarzglänzenden Gesteinsbrocken, die an überdimensionale Eier erinnern. Rund 1 1/2 Gehstunden benötigt man bis zum Plateau des weißen Bergs. Noch vor dem höchsten Punkt der **Montaña Blanca** (2750 m) führt links ein bezeichneter Fußpfad ab. Er ist steiler, anstrengender und führt in Serpentinen empor. Nach weiteren 1 1/2 Gehstunden erreicht man die Schutzhütte **Refugio de Altavista** (3260 m). Dort kann man auch übernachten, allerdings ist die Hütte im Winter nicht immer geöffnet; stets zugänglich sind die Notunterkünfte. Wanderer müssen ihre Verpflegung selbst mitbringen. Auskünfte und Reservierungen: Cabildo de Tenerife, Telefon 922 239811.

Von der Schutzhütte braucht man rund 1 1/2 Gehstunden bis zur Bergstation des Teide. Ein schmaler Steig windet sich durch Lavageröll empor und passiert auch die sogenannten **Eishöhlen** (Cuevas de Hielo). Die Mühe des Aufstiegs lohnen unvergessliche Ausblicke. Am schönsten ist es auf dem **Teide** bei Sonnenaufgang, wenn die Landschaft noch ganz still und unberührt wirkt.

Der Aufstieg in die Gipfelregion und zum Krater ist nur in Ausnahmefällen möglich. Eine Genehmigung erteilt die Verwaltung des Teide-Nationalparks in Santa Cruz, Calle Emilio Calzadilla No. 5, 4. Stock. Montag bis Freitag zwischen 9 und 14 Uhr. Pass (Kopie) mitbringen.

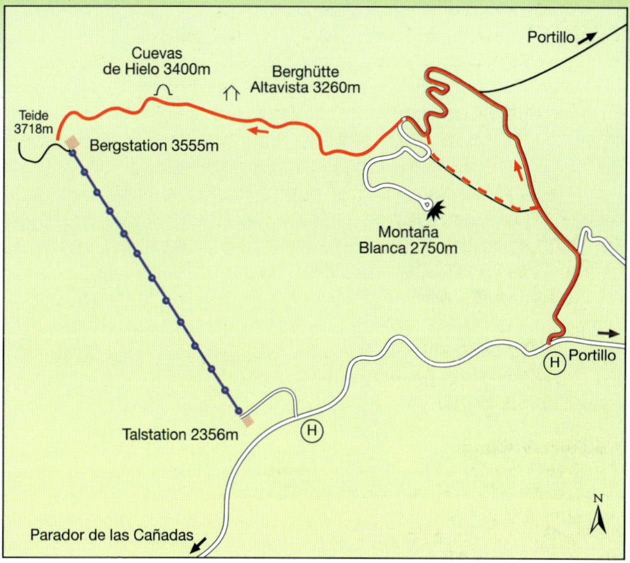

Neben der vorgestellten Normalroute gibt es noch eine zweite, sehr reizvolle Wegstrecke. Sie beginnt in **Portillo** und führt allmählich in die Region Montaña Blanca. Später vereinigt sie sich mit dem Wanderweg, der von der Cañadas-Straße heraufkommt (rund 6 Gehstunden).

Wer sich die Mühe des Aufstiegs erspart und lieber mit der Seilbahn emporfährt, findet im Bereich der Bergstation zwei schöne Höhenwege. Der **Sendero de la Fortaleza** weitet den Blick über die Nordseite der Insel (Gehzeit mit Rückweg: 30 Minuten). Etwa 100 Meter vor der Aussichtskanzel biegt der Pfad zur Schutzhütte Altavista ab. Der ebenso empfehlenswerte **Sendero Pico de Viejo** führt in die entgegengesetzte Richtung, zeigt den benachbarten Vulkankrater und den Süden von Teneriffa (Gehzeit mit Rückweg: 40 Minuten).

Ein ebener Forstweg durchzieht die Kraterlandschaft (Siete Cañadas, 17 km lang)

Der Aufstieg auf den imposanten Guajara gehört zu den schönsten Touren im Hochgebirge. Am Fuß des Berges befinden sich das staatliche Berghotel (Parador de las Cañadas) und die Schneekapelle.

Weitere Wandermöglichkeiten

Im Bereich der Cañadas kann man viele Wanderungen unternehmen. Neulinge sollten sich an einfache Routen halten oder mit erfahrenen Bergwanderern gehen.

Eine der schönsten Touren führt auf den **Guajara** (2717 m), den zweitwichtigsten Berg der Cañadas. Als mächtiges Massiv überragt er die südliche Höhenkette. Ein breites Felsband umfasst den Gipfel, prachtvoll ist der Ausblick vom Plateau. Der leichte Anstieg führt über den Pass, eine alpine Route folgt dem breiten Felsband (Gehzeit mit Rückweg 5 Stunden).

Die Route **Siete Cañadas** ist eine ideale Strecke für Fußgänger, die auf einem fast ebenen Forstweg die Cañadas durchwandern wollen. Die rund 17 Kilometer lange Piste ist für Autofahrer gesperrt und führt vom Berghotel (Parador) nach Portillo. Auf dem Weg zum nördlichen Rand des Nationalparks folgt man dem Saum der Berge, die den weiträumigen Krater der Cañadas im Osten begrenzen. Die Landschaft überrascht mit eindrucksvollen Bildern und Farben, vor allem im Mai zur Zeit der Blüte (4-5 Gehstunden).

Am reizvollsten sind die ersten Abschnitte des Weges. Am Saum des Guajara-Massivs beeindrucken die Felsen mit besonders bizarren Formen, wechseln die Farben des Gesteins in erstaunlicher Vielfalt und ergeben sich schöne Ausblicke auf den Kraterkern – und den imposanten Teide. Nach etwa 45 Minuten kann man nach links abbiegen und in Richtung Teide zur Talstation der Seilbahn wandern. Man passiert ein ehemaliges Sanatorium, in dem einst Lungenkranke zur Kur weilten (2 Gehstunden).

Erfahrene Bergwanderer folgen gern den Höhenrücken, die den Krater der Cañadas umrahmen. Zielpunkte sind die **Cumbres de Ucanca** (Westgrat) oder die **Montaña de Pasajiron** (Ostgrat).

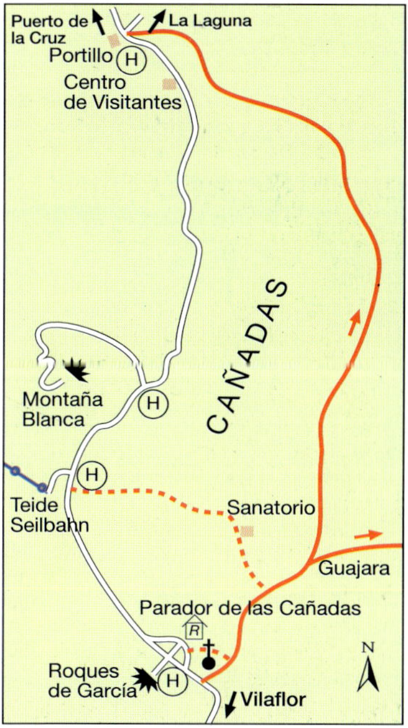

Wandern mit Bergführer

Wanderwochen auf Teneriffa offerieren mehrere Reiseveranstalter als Pauschalangebot. Sie können bereits mit dem Ferienaufenthalt gebucht werden. Möglich ist meist auch eine Teilnahme an Tagestouren. Wer sich erst auf der Insel für eine geführte Wanderung entscheiden möchte, sollte sich vor Ort erkundigen. Es gibt eine Reihe von Bergführern, die hier ansässig sind und Ausflüge anbieten. Auskünfte erteilen Reisebüros, die Touristinformation und die meisten Hotels. Einige Beispiele seien hier vorgestellt.

Die Alpinschule Innsbruck

bietet Wanderwochen im Norden und Süden der Insel an. Das Programm umfasst 6 charakteristische Touren; Teilnahme an Tageswanderungen möglich. Die Gruppe wohnt in Puerto de la Cruz, Hotel Riu Canarife oder an der Costa Adeje, Hotel Riu Arecas.
Auskünfte erteilen die Reisebüros oder die Alpinschule Innsbruck, In der Stille 1, A-6161 Natters Telefon: 0512 546000).

Das Hotel Tigaiga

in Puerto de la Cruz ist ein komfortables 4-Sterne-Hotel für Wanderfreunde. Zum Freizeit-Programm gehören Ausflüge mit „Gregorio", einem kompetenten und sehr agilen Bergführer, der seine Heimat auch auf deutsch perfekt vorstellen kann. Angeboten werden leichte und mittelschwere Wanderungen; außerdem gibt es anspruchsvolle Touren mit Abenteuer-Flair. Teilnehmen können auch Wanderfreunde, die nicht im Hotel Tigaiga wohnen.
Auskünfte: Hotel Tigaiga,
Telefon 922-383500.

Der Botaniker Cristóbal

macht regelmäßige Gartenführungen in Puerto de la Cruz und jeden Samstag einen botanischen Tagesausflug.
Anmeldung: Hotel Maritim

Bergtouren in mehreren Varianten

offeriert der Bergführer Helmut Frühauf. Auch er hat seinen Stützpunkt in Puerto de la Cruz, Hotel Chiripa. Dort stellt er auch mit einem Dia-Vortrag sein Programm vor. Hierzu gehören auch Wanderungen für Touristen im Süden, die ein Kollege durchführt.
Auskünfte: Telefon 922-364324 oder Mobil 630-070607.

Öko-Wanderungen

offeriert Oskar Maurer. Im Gegensatz zu seinen Kollegen fährt er kostensparend mit Linienbussen und trifft die Teilnehmer ohne Voranmeldung am Busbahnhof von Puerto de la Cruz. Zur Auswahl stehen leichte bis mittelschwere Touren.
Ein detailliertes Programm ist erhältlich in der Touristinformation und am Busbahnhof.
Heidi's Wanderclub fährt ebenfalls mit dem Linienbus und bietet auch Touren für Senioren und weniger geübte Wanderer.

Übrigens

mit etwas Initiative kann man sich auch privat nach einem Wandergefährten umsehen; eine Notiz im Hotel bewährt sich in vielen Fällen. Vor allem bei längeren oder schwierigeren Touren ist es ratsam, nicht allein unterwegs zu sein.

Busfahrplan

Dieses Verzeichnis enthält die wichtigsten Busverbindungen. Aufgenommen sind alle Strecken, die in die Wandergebiete führen. An Samstagen, Sonn- und Feiertagen ist oft eingeschränkter Verkehr. Die Bus-Tarife sind noch sehr günstig; für häufigere Fahrten empfiehlt sich die Bono-Karte (→ Verkehrsverbindungen Seite 24). Da die Fahrzeiten dem aktuellen Bedarf angepasst werden, sollte man sich beim Busbahnhof einen Fahrplan besorgen oder – falls nicht erhältlich – eventuelle Änderungen auf den Anschlagtafeln erkunden.

Puerto de la Cruz - Busbahnhof im Ortsteil Poligono (nahe der Altstadt)

Bus 103 – Puerto de la Cruz – Santa Cruz (Direktbus)
Hinfahrt:
7.00, 8.00, 9.00 - 11.00 jede 1/2 Stunde, 12.00 Uhr
13.00 - 19.00 jede 1/2 Stunde, 20.00, 21.00, 21.40 Uhr
Rückfahrt:
6.50, 7.50, 8.50 - 10.50 jede 1/2 Stunde, 11.50
12.50 - 18.50 jede 1/2 Stunde, 19.50, 20.50, 21.50
Bus verkehrt nicht am Samstag und am Sonntag.

Bus 102 – Puerto de la Cruz – La Laguna – Santa Cruz
(Expressbus)
Hinfahrt:
4.45, 6.15, 6.30, 7.15 - 21.15 jede 1/2 Stunde, 23.00 Uhr
Rückfahrt:
6.30, 7.00 - 20.30 jede 1/2 Stunde, 21.15, 22.30, 24.00 Uhr

Bus 101 – Puerto de la Cruz – Santa Cruz
(Bummelbus über Orotava und Tacoronte)
Hinfahrt:
5.30 - 21.00 jede 1/2 Stunde
Rückfahrt:
6.00 - 21.30 jede 1/2 Stunde
Zur vollen Stunde über Las Arenas, sonst über Botánico
Samstagnachmittag und Sonntagmorgen nur jede Stunde

Bus 345 – Puerto de la Cruz – La Orotava – Aguamansa – La Caldera
Hinfahrt:
7.00 und 8.00 Uhr nur bis Aguamansa, 8.45, 9.35, 10.20, 11.00, 11.45, 12.30, 13.15, 14.00, 15.00, 15.45, 16.30, 17.15
Busse 18.00, 18.45, 19.35 und 20.15 nur bis Aguamansa
Rückfahrt:
Busse um 6.00, 7.00, 7.30, 8.15, 9.00 Uhr nur ab Aguamansa
9.50, 10.50, 11.35, 12.20, 12.55, 13.50, 14.25, 15.10, 16.15, 16.55, 17.45, 18.20,
Busse um 19.15, 20.00, 21.15 Uhr nur ab Aguamansa
Abfahrten von La Caldera etwa 5 Minuten vorher

Bus 343 – Puerto de la Cruz – Playa de las Américas (Torviscas)
Hinfahrt:
9.00, 11.10, 15.20, 17.35
Rückfahrt:
9.00, 11.30, 15.30, 17.45

Bus 350 – Puerto de la Cruz – Las Arenas – La Orotava
Hinfahrt:
7.00 - 22.00 jede Stunde, 23.00, 24.00, 1.10 Uhr
Rückfahrt:
6.30 - 22.30 jede Stunde, 23.15, 0.40, 1.25 Uhr

Bus 348 – Puerto de la Cruz – Aguamansa – Las Cañadas (El Parador/Berghotel)
Hinfahrt: 9.15 Uhr Rückfahrt: 16.00

Bus 325– Puerto de la Cruz – Icod de Los Vinos – Los Gigantes
Hinfahrt:
6.20, 8.40*, 10.40, 14.40, 16.45*, 19.10 * nur Werktags
Rückfahrt:
8.40, 10.55*, 12.55, 17.15, 19.10*, 21.25 * nur Werktags

Bus 363 – Puerto de la Cruz – Icod de los Vinos – Garachico – Los Silos – Buenavista
(Schnellstraße)
Hinfahrt:
6.00 - 21.00 jede Stunde,
Rückfahrt:
5.20, 6.30 -19.30 jede Stunde
An Werktagen zusätzliche Abfahrten nach und von Icod de los Vinos

Bus 354 – Puerto de la Cruz – Los Realejos – La Guancha – Icod de los Vinos (kurvenreiche Bergstraße)
Hinfahrt:
6.20, 7.30-20.30 jede Stunde, 21.45 Uhr
Rückfahrt:
5.15, 6.00 -12.00 jede Stunde, 13.05 -19.05 jede Stunde, 20.10

Bus 352/353 – Puerto de la Cruz – Los Realejos (Rundkurse)
Hinfahrt:
6.00 - 20.30, jede 1/2 Stunde
Rückfahrt:
6.30 - 20.30 jede 1/2 Stunde

La Orotava
(Busbahnhof)

Bus 347 – La Orotava – Benijos – Palo Blanco – Cruz Santa – Realejo Alto
Hinfahrt:
7.05, 9.10, 11.05, 13.05, 15.05, 17.05, 19.10
Rückfahrt:
8.05, 10.05, 12.05, 14.05, 16.05 18.05, 20.05

Santa Cruz
Busbahnhof an der Avenida 3 de Mayo

Bus 105 – Santa Cruz (Bvo. Murillo) – La Laguna – Bajamar – Punta del Hidalgo
Hinfahrt:
5.15, 5.45, 6.15, 6.40, 7.35 - 19.35 jede 1/2 Stunde, 20.15, 20.55
Rückfahrt:
6.05, 6.40, 7.15, 7.40, 8.00 - 20.00 jede 1/2 Stunde, 21.00, 21.30, 22.00

Bus 107 – Santa Cruz – La Laguna – La Orotava – Icod de los Vinos – Buenavista
Hinfahrt:
7.15*, 9.15, 11.15, 13.15*, 17.15, 19.15 *Verkehren Sa und So nicht
Rückfahrt:
6.45, 8.45, 10.45*, 14.45, 16.45, 18.45* *Verkehren Sa und So nicht

Bus 108 – Santa Cruz – La Laguna – La Orotava – Icod de los Vinos
Hinfahrt:
6.15, 8.15, 10.15, 12.15, 14.15,

15.15*, 16.15, 18.15, 20.15
* Verkehrt nicht am Sa und So

Rückfahrt:
6.15, 8.15, 10.15, 12.15, 13.15*, 14.15, 16.15, 18.15, 20.15
* Verkehrt nicht am Sa und So

Bus 111 – Santa Cruz – Los Cristianos – Playa de las Américas (Torviscas)
Hinfahrt:
5.30 -21.30 jede 1/2 Stunde, 23.00,

Rückfahrt:
6.00 - 22.00 jede 1/2 Stunde, 23.15

Bus 112 – Santa Cruz – Costa el Silencio – Arona
Hinfahrt:
11.10, 19.10
Sa und So 11.30, 19.45

Rückfahrt:
5.25, 13.00
Sa und So 5.25, 14.00

Bus 246 – Santa Cruz – San Andrés – Taganana – Almáciga
Hinfahrt:
4.45, 5.50*, 6.50, 10.30, 13.10, 14.15, 1705, 19.15
Sa und So 7.05, 9.10, 11.40, 14.15, 17.05, 20.15
Bus * verkehrt nur zwischen Oktober. und Juni

Rückfahrt: ab Taganana
5.55, 7.00*, 8.00, 11.50, 14.30, 15.40, 18.20, 20.35
Sa und So 8.15, 10.40, 12.55, 15.40, 18.20, 21.30
Abfahrt in Almáciga etwa 10 Minuten vor den angegebenen Taganana-Zeiten.
* Bus verkehrt nur zwischen Oktober und Juni.

Bus 247 – Santa Cruz – San Andrés – Chamorga
Hinfahrt:
5.00, 7.30* ,15.00, 18.00

Rückfahrt:
6.15, 8.50*, 16.30, 19.30
* Busse verkehren nur am Samstag
Kein Busverkehr am Sonntag

La Laguna
(Busbahnhof)

Bus 105 – La Laguna – Tegueste – Bajamar – Punta del Hidalgo
Hinfahrt:
5.15, 5.45, 6.15, 6.40, 7.05-19.35 jede 1/2 Stunde, 20.15, 20.55

Rückfahrt:
6.05, 6.40, 7.15, 7.40,
8.00 - 22.00 jede 1/2 Stunde

Bus 012 – La Laguna – Tacoronte – El Sauzal
Hinfahrt:
7.00, 7.30, 8.30, 9.00, 10.00, 10.30, 11.30, 12.00, 13.00, 13.30, 14.30, 15.00, 16.00, 16.30, 17.30, 18.00, 19.00, 19.30, 21.10
Sa und So, 7.00, 8.30, 10.00, 11.30, 13.00, 14.30, 16.00, 17.30, 19.00, 21.10

Rückfahrt:
6.10, 7.45, 8.15, 9.15, 9.45, 10.45, 11.15, 12.15, 12.45, 13.45, 14.15, 15.15, 15.45, 16.45, 17.15, 18.15, 18.45, 19.45, 20.15, 21.50
Sa und So, 7.45, 9.15, 10.45, 12.15, 13.45, 15.15, 16.45, 18.15, 19.45, 21.50
Einige Busse fahren nur bis Tacoronte.

Bus 073 – La Laguna – Cruz del Carmen (Pico del Ingles)
Hinfahrt:
10.45 (Pico del Ingles), 14,45 (Pico del Ingles)
Sa und So 9.15 (Pico del Ingles), 11.00 (Pico del Ingles)
Rückfahrt:
11.15 (5 Min. vorher Pico), 15.15 (5 Min. vorher Pico),
Sa und So 9.45 (5 Min. vorher Pico), 11.30 (5 Min. vorher Pico).

Bus 074 – La Laguna – El Batán
Hinfahrt:
5.15, 7.00, 14.45, 19.05
Sa und So 9.05, 14.10
Rückfahrt:
6.00, 7,45, 15.45, 19.50
Sa und So 9.50, 15.00

Bus 075 – La Laguna – Cruz del Carmen – Las Carboneras – Taborno
Hinfahrt:
6.45, 9.15, 13.05, 15.15, 18.45
Sa und So 7.30, 12.15, 16.05
Rückfahrt:
7.45, 10.00, 14.00, 16.15, 19.45 (fährt 15 Minuten vorher von Las Carboneras ab)
Sa und So 10.00, 13.15, 17.00

Bus 076 – La Laguna – Cruz del Carmen – Afur
Hinfahrt:
4.45, 6.55, 13.15, 16.05, 19.00
Sa und So 7.00, 13.15, 16.25
Rückfahrt:
5.45, 7.55, 14.45, 17.30, 20.00
Sa und So 8.00, 14.45, 17.45

Bus 077 – La Laguna – Cruz del Carmen – Casa Forestal – El Bailadero
Hinfahrt:
10.15, 17.00
Sa und So 10.15, 18.00
Rückfahrt:
11.30, 18.00
Sa und So 11.30, 19.15

Tacoronte

Bus 021 – Tacoronte – Mesa del Mar
Hinfahrt:
8.30, 10.30, 13.00, 14.55, 17.00, 20.00
Rückfahrt:
8.50, 11.00, 13.30, 15.20, 17.30, 20.30

Bus 023 – Tacoronte – El Pris
Hinfahrt:
6.30, 7.30, 9.30, 12.00, 14.00, 15.45, 18.45
Rückfahrt:
6.55, 7.55, 9.55, 12.30, 14.25, 16.15, 19.15

Icod de los Vinos und Buenavista
(Busbahnhof)

Bus 360 – Icod de los Vinos – Montañeta – Los Llanos - Puerto de Erjos
Hinfahrt:
7.10, 9.25, 11.30, 15.00, 18.20, 20.00 nur bis La Montañeta
Rückfahrt:
7.50, 10.10, 12.15, 15.45, 19.10 20.35 nur von La Montañeta

Bus 362 – Icod de los Vinos – Playa San Marcos
Hinfahrt:
6.30 -19.30 jede Stunde, 20.25
Rückfahrt:
6.45 - 19.45 jede Stunde, 20.35

Bus 460 – Icod de los Vinos – Santiago del Teide – Tamaimo – Guía de Isora – Playa de las Américas
Hinfahrt:
5.45, 7.30, 10.00, 12.00, 14.15, 16.00, 18.00, 20.10

Rückfahrt:
5.25, 7.20, 9.45, 12.00,
13.55, 16.00, 18.00, 20.00

Bus 366 – Buenavista – El Palmar – Las Portelas
Hinfahrt:
5.30, 7.30, 9.30, 13.15, 17.30, 19.30
Sa und So 5.30, 7.30, 11.30, 13.30, 15.15, 19.30

Rückfahrt:
6.00, 8.00, 10.00, 14.00, 18.00, 20.00
Sa und So 6.00, 8.00, 12.00, 14.00, 16.00, 20.00

Bus 355 – Buenavista – Masca – Santiago del Teide
Hinfahrt:
6.15, 9.30, 14.15, 15.45

Rückfahrt:
10.35, 16.55

Von Masca nach:
Buenavista
6.45, 10.55, 15.00, 17.15

Santiago del Teide
10.05, 16.15
Keine Busverbindungen am Samstag und Sonntag

Los Gigantes

Bus 473 Los Gigantes – Adeje – Playa de las Américas – Las Galletas
Hinfahrt:
6.15, 7.00, 7.45 - 19.45 jede 1/2 Stunde, dann nur bis Los Cristianos 20.10, 20.40, 21.10, 21.40, 22.30, 23.30

Rückfahrt:
6.15 - 19.00 jede 1/2 Stunde, 20.45, 21.45

Los Cristianos und Playa de las Américas

Bus 480 – Los Cristianos – Chayofa – Arona
Hinfahrt:
7.45, 9.00, 10.00, 11.00, 13.00, 14.00, 15.00, 16.00, 17.00, 19.00, 20.00, 21.00

Rückfahrt:
6.55, 8.30, 9.30, 10.30, 12.30, 13.30, 14.30, 15.30, 16.30, 18.30, 19.30, 20.30

Bus 482 – Los Cristianos – Arona – Vilaflor
Hinfahrt:
11.00, 17.00

Rückfahrt:
12.00, 18.00

Bus 470 – Playa de las Américas – El Médano – Granadilla
Hinfahrt:
7.15, 8.30, 9.30, 10.35, 11.40, 12.30-17.30 jede Stunde, 18.40, 20.30

Rückfahrt:
7.30-19.30 jede Stunde, 20.40
Nicht alle Busse befahren die gesamte Strecke

Bus 342 – Playa de las Américas – Los Cristianos – Parador de la Cañadas – El Portillo
Hinfahrt:
9.15 Playa de las Americas
9.30 Los Cristianos

Rückfahrt:
15.15 El Portillo
15.40 Seilbahnstation
16.00 Parador

Stichwortverzeichnis

M

O

P

Q/R

Goldstadt
Reiseführer

DEUTSCHLAND

Bayerischer Wald und Donautal von Regensburg bis Passau (309)
Brandenburg, Berlin und Umgebung (323)
Mittlere Elbe, Untere Saale (325)
Nördlicher Schwarzwald (300)
Odenwald (313)
Pfälzerwald (314)
Sachsen (328)
Schleswig-Holstein (306)
Schwarzwald Süd (301)
Thüringen (326)
Usedom (327)
Durch Thüringen u.Sachsen (329)

EUROPA

FINNLAND
Süd- und Mittelfinnland (40)

FRANKREICH
Bretagne (77)
Korsika (455) Wanderführer
Languedoc-Roussillon (71)
Normandie (79)
Provence (32)

GRIECHENLAND
Ithaka (464) Wanderführer
Karpathos (463) Wanderführer
Lefkas (465) Wanderführer
Rhodos (459) Wanderführer
Samos (456) Wanderführer
Santorin (95)

GROSSBRITANNIEN
Schottland (59)

ITALIEN
Apulien (131)
Elba (44)
Elba (453) Wanderführer
Gardasee und Verona (112)
Ischia (454) Wanderführer
Italienische Riviera (5)
Kalabrien (132)
Kampanien - Neapel (25)
Lago Maggiore Comer See (69)
Rom (26)
Sizilien (24)
Umbrien (67)

NORWEGEN (39)

PORTUGAL
Algarve (460) Wanderführer
Azoren (461) Wanderführer
Madeira (457) Wanderführer
Madeira (448) Wanderkarte
Madeira (45)

RUMÄNIEN (34)

SCHWEDEN (33)

SCHWEIZ
Tessin mit Lago Maggiore (51)

SPANIEN
La Gomera (452) Wanderführer
La Gomera (450) Wanderkarte
Madrid (99)
Mallorca (3)
Nordwestspanien - Der Jakobsweg (18)
Teneriffa (451) Wanderführer

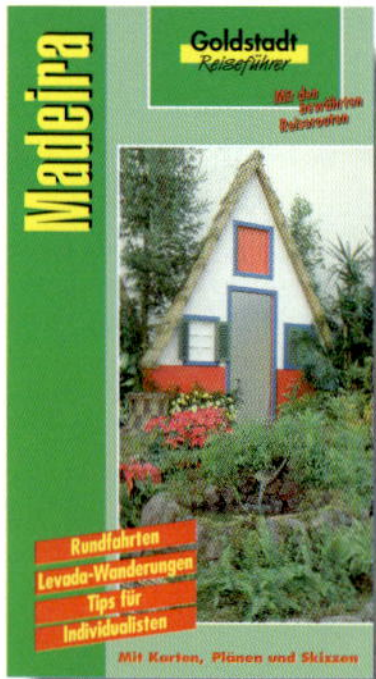

10/2001

Goldstadt Reiseführer

AFRIKA

Äthiopien (203)
Algerien (212)
Marokko (30)
Mauritius (234)
Namibia (265)
Santo Antão (466) Wanderführer
Santo Antão (467) Wanderkarte
São Nicolau (468) Wanderkarte
mit Rückseite Reiseführer
Seychellen (229)
Südafrika (215)
Tunesien (21)
Zimbabwe (264)

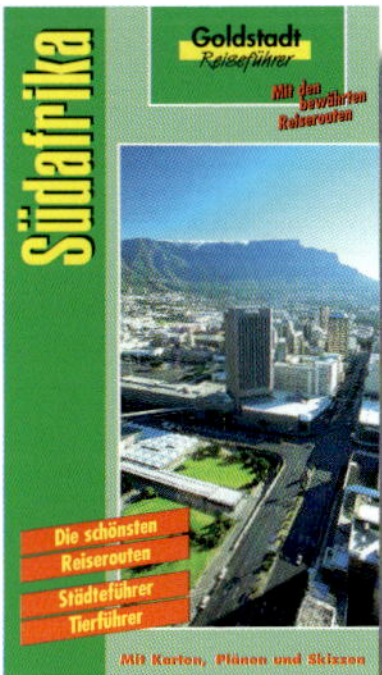

AMERIKA

Argentinien (240)
Chile (241)
Ecuador und
Galapagos-Inseln (243)
Karibik - Kleine Antillen
Barbados/St. Lucia
Grenada (249)
Tropisches Lateinamerika
Pflanzenführer (270)
USA - Der Nordwesten (257)
USA - Der Osten (258)
USA - New York (38)
Venezuela (244)
Westkanada (253)

ASIEN

Birma (235)
Hong Kong (222)
Istanbul (217)
Malaysia - Borneo (226)
Malediven (228)

AUSTRALIEN NEUSEELAND

Australien (231)
Neuseeland (230)

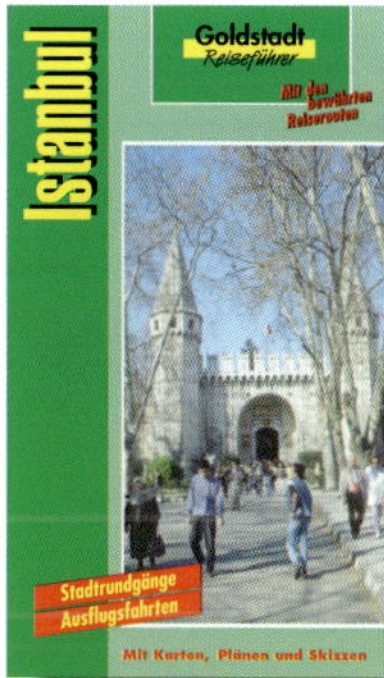

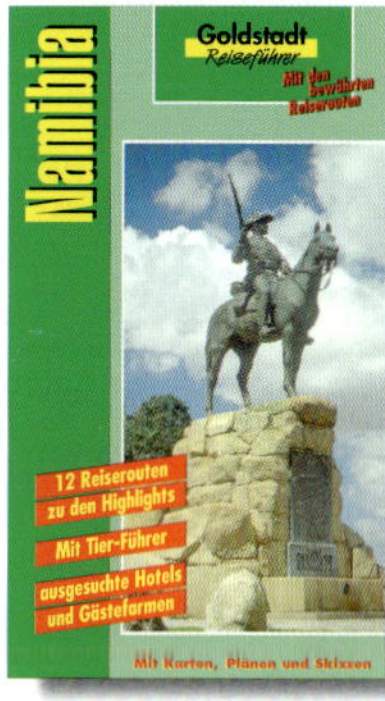

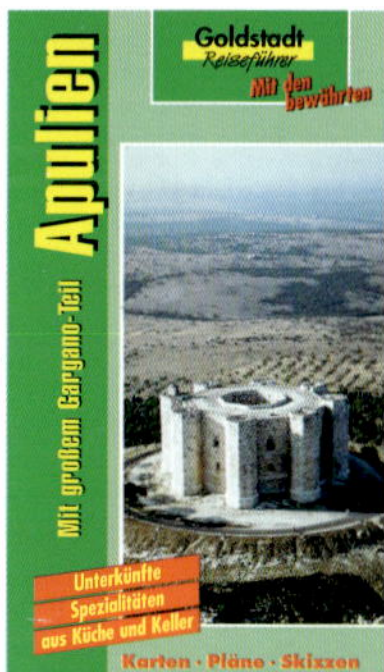

Goldstadt *Wanderführer*

Spaziergänge, Wanderungen und Bergtouren
mit Kartenausschnitten, Wegeskizzen, Farbfotos, Sprachführer

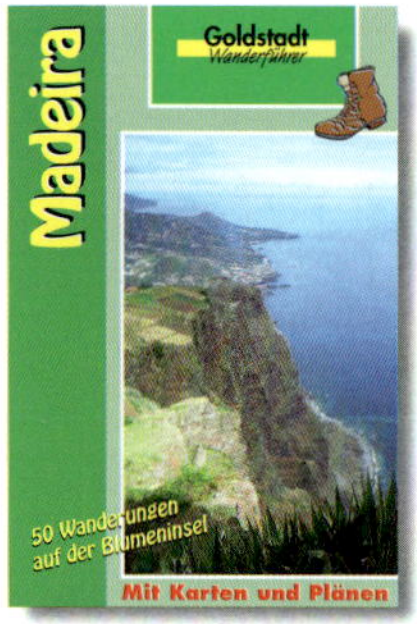

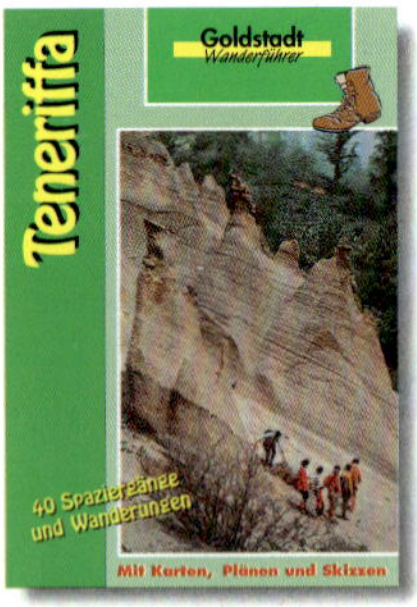

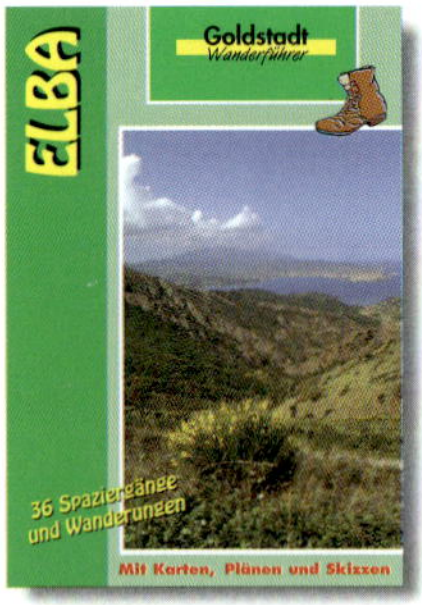

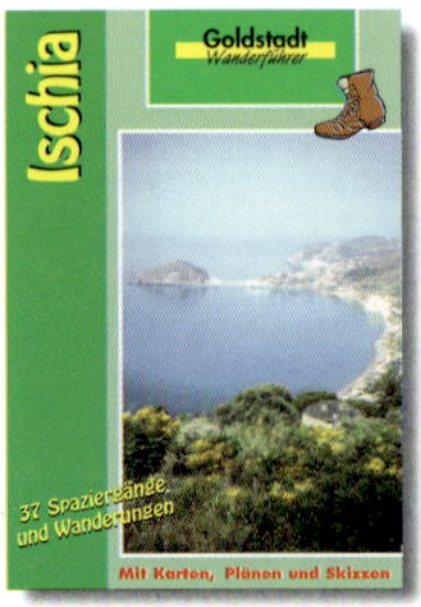

GRIECHENLAND
Ithaka (464)
Karpathos (463)
Lefkas (465)
Rhodos (459)
Samos (456)

ITALIEN
Elba (453)
Ischia (454)

PORTUGAL
Algarve (460)
Azoren (461)
Madeira (457)

SPANIEN
La Gomera (452)
Teneriffa (451)

FRANKREICH
Korsika (455)

KAPVERDISCHE INSELN
Santo Antão (466)

Goldstadt *Wanderkarten*

KANARISCHE INSELN
La Gomera
(450)

PORTUGAL
Madeira
(448)

KAPVERDISCHE INSELN
São Nicolau
(468)

KAPVERDISCHE INSELN
Santo Antão
(467)

Goldstadt
Sonderbände

Ein Führer durch die faszinierende Pflanzenwelt des tropischen Südamerikas. Verständlich wird die Bedeutung des Regenwaldes im Öko-System und die Folgen seiner Zerstörung erklärt und Fachbegriffe erläutert.
Auffällige und bemerkenswerte Pflanzen werden beschrieben, heimisches Obst und Gemüse vorgestellt und mit über 200 Farbfotos illustriert.
16 doppelseitige Farbtafeln, 16 Grafiken, 2 Stammbäume von Pflanzen und Organismen. 11 historische Fotos, 285 farbige Pflanzenfotos, 191 Seiten. ISBN 3-89550-270-7 – € 27,80

Ob Wandern oder Biken in Thüringen, Paddeln auf der Saale, Skitouren im Erzgebirge oder Trekking in der Sächsischen Schweiz: Dieser Reiseführer bewegt sich abseits ausgetretener Pfade durch die Natur- und Kulturlandschaften im Süden Thüringens und Sachsens. Erlebnisstationen und- möglichkeiten gibt es reichlich, vom Thüringer Wald übers Schiefergebirge, im Erzgebirge und in der Sächsischen Schweiz.
Wir wollen aktive Menschen, Schulklassen und Jugendgruppen oder Familien auf Entdeckungsreise schicken und haben dafür Tipps und Touren, günstige Übernachtungsmöglichkeiten, kulturelle Spots und Abstecher im Baukastensystem zusammengestellt. Die einzelnen Bausteine entstanden im Rahmen eines erlebnispädagogischen Projekts der Naturfreunde-Jugend-Deutschlands. ISBN 3-89550-329-0 – € 12,80

Der Titel beschreibt in allgemeinverständlicher Ausdrucksweise die Handhabung der Unterwasser-Sucherkamera Sea&Sea MX-5, die als weitverbreitetes Gerät für Einsteiger in die Unterwasserfotografie den Markt erobert. Bedienung sowie Pflege und Wartung sind Themen, die sich mit der Kamera selbst befassen. Den notwendigen Tipps und Hinweisen zum Fotografieren unter Wasser, den spezifischen Besonderheiten der ungewohnten Umgebung sowie den veränderten Lichtverhältnissen und deren Auswirkungen ist ausführlich Rechnung getragen. Der professionelle Erfahrungsschatz des Autors kommt dabei dem Leser zugute. In besonders hervorgehobenen Merksatz-Feldern wird das Gelesene nochmals zur schnellen Übersicht zusammengefasst. Die reichhaltige Bebilderung mit Unterwasseraufnahmen und Grafiken zur Anwendung und Verdeutlichung macht aus dem Buch einen wertvollen Begleiter in der Vorbereitung der Fotosafari Unterwasser. In einem eigenen Kapitel wird auch der Einsatz an Land erläutert. Denn die Anwendung auch unter „feuchten" Bedingungen ist die Domäne dieser vielseitigen Kamera. ISBN 3-89550-870-5 – € 10,80

Lohnenswert: Bajamar (Nordosten)
Garachico (Nordwesten)

Straßenbezeichnungen (Nr.) stimmen nicht immer mit Karte überein, auch Autobahnausfahrten nicht

---

Zeit von Puerto bis Los Cristianos etwas über 1 Std. über Autobahn

---

kleiner Strand im Süden mit Sonnengarantie + gute Bademöglichkeit für Kinder El Medano (Süden)

Route 28 S. 129

Las Arenas Negras, Naherholungsgebiet mit Kinderspielplatz für Picknick geeignet, leichter Spaziergang dahin von der Straße aus (Forstweg) möglich

---

La Caldera Route 10 S. 66

Naherholungsgebiet mit Grill + Spielplatz